I0067912

...IEUR

...ON , ENTRETIEN
...CHEVAUX VICIEUX

...Gouttier,

...Vétérinaire à Ouvelaire du District
...(Ariège)

...Imprimerie de Kiefer...
...Rue de Figues, 11.

F

RÉGULATEUR

PRATIQUE.

45650

Les formalités voulues par la loi ayant été remplies, tout exemplaire non revêtu de la signature de l'Auteur sera réputé contrefait.

RÉGULATEUR

PRATIQUE

SUR LA CONSTRUCTION, LA RÉPARATION, L'ENTRETIEN
ET LA CONSERVATION DES CHEMINS VICINAUX,

Contenant

Leur Législation ancienne et nouvelle,
La Jurisprudence du Conseil d'état,
De la Cour de cassation et des Cours royales ;

Suivi

D'une Instruction détaillée sur l'exécution des travaux ;

Mis en action

Par des Formules de tous les Actes à rédiger par
MM. les Maires,
Conseillers municipaux et Gardes-champêtres ;

PAR

J.-P. Trigant-Gautier,

Ancien Administrateur au Directoire du District
de Ribérac (Dordogne).

*Si la première richesse des nations est
l'agriculture, la bonne viabilité en est
l'âme.*

VERSAILLES,

DE L'IMPRIMERIE DE KLEFER,
AVENUE DE PICARDIE, 11.

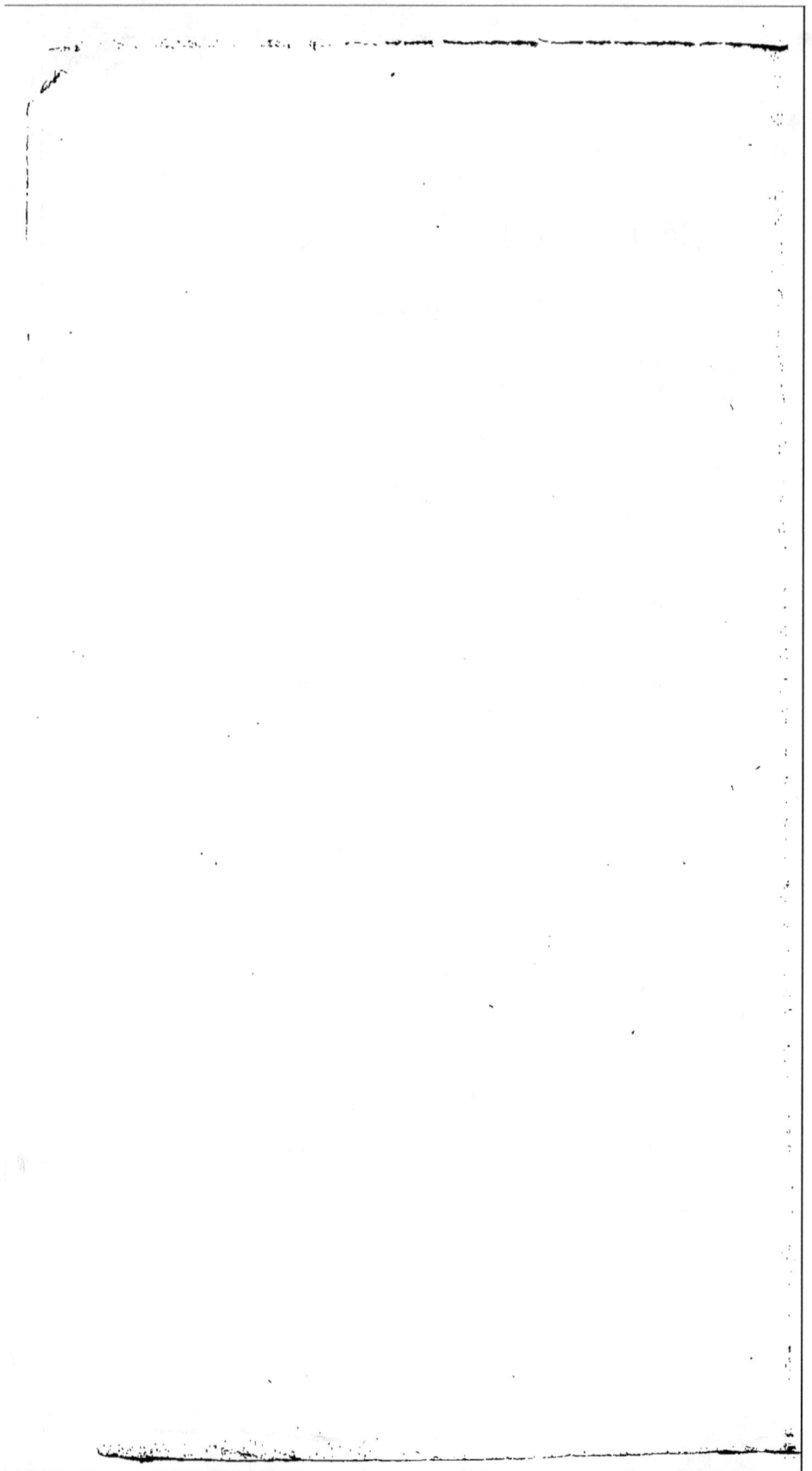

INTRODUCTION.

On nomme *Chemins Vicinaux* ou *de Voisinage*, les chemins autres que les grandes routes, qui conduisent de Commune à Commune, et sont indispensables aux besoins des habitants.

Ces sortes de chemins établissent les communications nécessaires pour toutes les relations de l'agriculture et de l'approvisionnement des villes. Ils sont liés aux progrès agricoles, à ceux du commerce, de l'industrie, de la civilisation et de la propriété par conséquent, d'où dépend la prospérité du pays. On ne peut mieux les comparer qu'aux veines destinées à la circulation du sang : les grandes routes sont les principales artères du corps social. Mais elles seraient à peu près sans objet, si elles n'étaient alimentées par l'immense réseau des communications vicinales ; car à quoi bon les routes, les canaux, les chemins de fer et de grande communication, si les produits ne peuvent y arriver? A quoi sert de produire, si on ne peut écouler? Les marchés sont les directeurs et les maîtres de la production.

L'auteur de la *Statistique des routes royales* (page xj), ne cache pas que les grandes routes, et même les lignes de navigation, ne rendront que des services incomplets, tant que les choses les plus nécessaires à la vie, les matières premières sous un très-grand volume, ou sous un très-grand poids, arriveront sur les canaux et sur les grands chemins, grevés des embarras et des frais d'un trajet difficile et dispendieux.

Or ces frais, quoique inégalement répartis entre le consommateur et le producteur, s'ils affectent plus profondément celui-ci dans ses profits, attaquent aussi celui-là dans ses jouissances, en influant sur les prix généraux de vente. Le produc-

teur n'est donc pas seul lésé par les mauvais chemins de traverse, le consommateur
partage son intérêt dans la question, qui
dès lors devient d'une importance générale; au lieu qu'une amélioration complète de ces chemins, sur toute la surface
du sol, donnerait le mouvement et la vie
à l'agriculture et à toutes les branches qui
s'y rattachent.

Heureusement l'utilité de cette réparation a pénétré dans les esprits. C'est le
fruit des lois des 28 juillet 1824 et 21 mai
1836, qui ont augmenté les ressources de
la Commune et ses moyens d'action, en
donnant sagement aux Préfets la faculté
de terminer sur les lieux une foule d'affaires qui encombraient les bureaux de
Paris.

Ce nouvel ordre de choses est un grand
bienfait du Gouvernement envers les Communes; car les lois, les ordonnances, les
décrets, les édits antérieurs, les laissaient
dans l'isolement, sans force d'action, sans

moyens d'exécution, sans pourvoir à un
travail d'ensemble, dans une matière qui
demande si impérieusement des vues con-
stantes et uniformes.

La prestation en nature (dont il est fâcheux de ne pouvoir se passer, par les faibles résultats qu'elle produit), est le principal élément des utiles travaux qui en
sont l'objet. Elle diffère sur plusieurs
points de l'ancienne corvée, elle pèse sur
le riche et sur le pauvre, les saisons des
travaux sont déterminées par les habitants
eux-mêmes, et enfin, c'est qu'ils travaillent
à côté de leurs habitations et de leurs
champs.

Il arrive, il est vrai, qu'un agriculteur
supporte une charge un peu forte, pour
la réparation de ces chemins, puisqu'en
outre de son obligation personnelle, il peut
être imposé à autant de trois journées qu'il
a de fils et de domestiques mâles, valides
et âgés de dix-huit ans, de charrettes, de
bêtes de trait, de somme, et de chevaux de

selle. Mais cette imposition n'est point injuste, puisqu'elle est proportionnée aux facultés probables de ceux qui se servent des chemins, qu'elle l'est aussi à l'usage qu'ils en font et aux dégradations qu'ils y causent.

Le premier mobile de ces importants travaux se trouve dans l'administration municipale, dans ces fonctions obscures, mais honorables, qui ne présentent d'autre ambition que de se vouer à l'intérêt de tous en faisant gratuitement le sacrifice de ses moments et de ses soins. Le patriotisme local est un des premiers ressorts du bien-être social. C'est lui qui fertilise des éléments stériles d'abondantes richesses, qui gagnent à n'être pas traînées en longueur. Il rapproche ainsi le moment où ils sont productifs.

Mais il faut autre chose à cette administration, quelle que soit en elle la puissance de ce ressort.

Il faut lui venir en aide dans l'exécution de la tâche que le bien public lui

a.

impose. C'est dans cet objet et pour ma part que j'ai composé cet ouvrage, qui sera facilement compris dans toutes ses parties (1).

Il faut lui révéler les intérêts qui la touchent et ceux de ses administrés qu'elle doit protéger : la politique des intérêts est la seule qui soit durable.

Il faut, pour la préserver de dégoût et de découragement, que la justice distributive préside à la répartition des secours accordés aux Communes, pour la réparation de leurs chemins.

Il faut encourager en elle l'esprit de suite, sans lequel on n'obtient que des résultats sans portée.

Il faut donner aux lois et aux règle-

_____

(1) Tout ce qu'il faut à l'administration municipale dans cette partie de ses attributions, s'y trouve réuni, et donnera une économie de temps qu'on ne rencontre pas souvent dans les archives municipales, où on cherche quelquefois ce qu'on ne trouve pas toujours.

ments sur l'exécution des travaux, une interprétation large et franche, que le sentiment qu'ils retirent d'une bonne viabilité porte les administrés à ne pas contester.

Il faut ne pas éparpiller les travaux sur trop de chemins à la fois : c'est la manière la plus contraire qu'on puisse imaginer au bon emploi du temps et à la bonté des ouvrages. En effet, ces travaux ainsi dispersés ne produisent rien d'avantageux; il faut toujours y revenir, ce qui fait qu'on ne termine jamais rien, et qu'on ne parvient pas à l'état d'entretien de ces chemins. On voudrait contenter tout le monde, et on ne fait rien pour personne.

Le moyen le plus sûr, le plus prompt, et le plus économique, à mon avis, pour obtenir d'heureux résultats, serait de combiner les ressources dont la Commune pourrait disposer dans l'année, avec les travaux qui pourraient s'exécuter dans le même temps. Quand il ne résulterait de

cette combinaison que la réparation complète d'un seul chemin, ou d'une partie,
sauf à continuer l'année suivante, il faudrait ne pas hésiter à y porter tous les
travaux, qui seraient mieux surveillés que
sur plusieurs chemins, en ayant le soin
de placer les ateliers, pas trop nombreux
en prestataires, à des distances convenables, pour éviter la confusion parmi les
travailleurs. Mais, dira-t-on, les ouvriers
éloignés de ce chemin perdraient du temps
pour y arriver. Que serait ce temps perdu,
en le comparant avec celui qui se perdrait
en ouvrages éparpillés? Puis la loi serait
égale pour tous, puisque chacun aurait à
son tour une plus longue ligne à parcourir. En donnant aux travaux la direction
que j'indique, on en sentirait bientôt les
bons avantages, en voyant, sur le chemin
entièrement réparé, rouler facilement les
charrettes et arriver à leur destination
sans accident et avec double charge, en
moitié moins de temps que lorsque le che-

min était mauvais. Et comme rien n'est contagieux comme le succès, on verrait bientôt les habitants de la Commune rivaliser de bonne volonté, de zèle et de courage, pour jouir le plus promptement possible de la facilité des transports, dont leurs voisins éprouveraient les salutaires effets. Car la difficulté des transports avilit les prix et arrête la production. Les frais décuplent souvent la valeur de la matière première.

Il faut l'envie de bien faire de la part de ceux qui dirigent les travaux. L'art du tracé, la construction et l'entretien des chemins vicinaux, n'offrent pas les difficultés dont quelquefois on semble vouloir les entourer. Le nombre des préceptes qui en forment le fondement est restreint, et tous sont accessibles aux intelligences ordinaires.

Il faut, dans la désignation des chemins à réparer, s'occuper toujours des plus utiles et des plus dégradés.

Il faut repousser les intrigues de localité et les exigences de l'intérêt privé, en n'accordant jamais aucun avantage à des habitations et autres propriétés particulières. On ne doit voir dans ces chemins autre chose que les besoins généraux de chaque population; on ne doit point y chercher des convenances isolées, à moins que ceux qui les réclament ne veuillent en faire les frais : toutefois sous la surveillance de l'autorité locale, à laquelle les règlements accordent ce droit.

Il faut qu'une sage économie dirige l'emploi des ressources communales, et qu'une comptabilité régulière en constate les mouvements. Ainsi, que ceux qui sont chargés de la conduite des travaux ne perçoivent pas des prestataires leurs prestations converties en argent, pour la distribuer eux-mêmes aux ouvriers. Encore moins employer leurs propres fonds à cet usage, et venir ensuite présenter des comptes au Conseil municipal, obligé d'en vo-

ter le contenu sans moyen de contrôle, vu
la nature des dépenses. L'argent qui doit
être employé à la réparation des chemins
vicinaux, provenant de quelque source
que ce soit, doit être versé intégralement
et directement dans la caisse municipale,
pour n'en sortir que sur mandats de
l'autorité compétente. Agir autrement,
c'est violer la loi, c'est introduire le désordre dans la comptabilité, qui, lorsqu'elle est bien tenue, est un *conseiller*, un
dépositaire et un *juge !*

Mais tous les moyens que je viens d'indiquer pour arriver à une réparation complète des chemins vicinaux, réparation que
l'intérêt public ne cesse de réclamer depuis
si longtemps, n'auront que de faibles résultats tant que la prestation en nature rendra aussi peu qu'elle fait aujourd'hui, par
le mauvais vouloir (il faut le dire sans
crainte) des prestataires, qui se rendent
tard sur les ateliers; qui, sous divers pré-
textes, les quittent de bonne heure; qui

travaillent lâchement, sans ordre, chargent leurs charrettes à demi, et qui, par un babil continuel, se détournent les uns les autres de leur travail, etc. Il faut donc leur faire comprendre qu'en ne travaillant pas à leurs chemins avec le même zèle, le même soin que sur leurs propriétés particulières, ou celles de ceux qui les payent, ils sont en opposition formelle avec leurs intérêts les plus chers, en ajournant ainsi indéfiniment la mise à l'état d'entretien simple de leurs chemins vicinaux, entretien qui ne serait plus pour eux qu'une tâche facile et promptement remplie.

Mais si les conseils de la raison étaient infructueux, ne porter, dans la décharge à délivrer par le Maire, pour obtenir la quittance de leur taxe, que doit fournir le percepteur ou le receveur municipal, que le temps utilement employé, et leur faire payer en argent celui qu'ils auraient perdu. Cette manière de procéder est expressément recommandée par les règle-

ments, et l'autorité serait coupable de
négligence de ne pas l'appliquer. Alors,
mais seulement alors, la prestation en nature produirait ce que la loi veut qu'elle
produise, et les travailleurs qui, par exception, remplissent consciencieusement leur
tâche, n'auraient plus à murmurer et à
se plaindre de la condescendance de l'autorité envers les négligents et les pares-
seux.

Enfin, quelquefois la présence de MM. les
Préfets et Sous-Préfets au milieu des travailleurs : rien n'encourage mieux les habitants des campagnes que de voir parmi eux leurs premiers magistrats. Alors
on entendrait sur nos voies communales
un bourdonnement d'élaboration semblable à celui d'une ruche pendant la saison des travaux.

Me serait-il permis d'ajouter à cette in-
troduction, sans être accusé de vanité
(qui n'est pas au nombre de mes défauts),

et en me donnant la satisfaction de mettre au grand jour le patriotisme de mes concitoyens, ce que nous avons fait pour la contrée qui nous a vus naître? Je puis le croire. Aussi, pourquoi craindrais-je d'invoquer un témoignage qui nous honore? celui de M. le Sous-Préfet de mon arrondissement, qui s'exprime en ces termes :

SOUS-PRÉFECTURE DE RIBÉRAC
(DORDOGNE).

« *Je, soussigné, Sous-Préfet de l'arrondissement de Ribérac (Dordogne), certifie que M. Jean-Pierre* TRIGANT-GAUTIER, *ancien administrateur au directoire du district dudit Ribérac, professant le culte protestant, natif et habitant du chef-lieu de la Commune de Laroche-Chalais* (1),

---

(1) Laroche-Chalais est un bourg de sept cents âmes, qui n'est pas chef-lieu de canton.

située dans mon arrondissement, a fait construire, dans le lieu qu'il habite (où il n'y en avait pas), une église pour l'exercice du culte catholique romain, digne de sa destination, et qu'il a fait les avances de la plus grande partie de la somme qu'a nécessitée cette honorable et belle entreprise, qui s'est élevée à **quarante mille francs.**

» *Que les rues de Laroche - Chalais étaient impraticables, qu'il en a fait paver une partie; que ce bon exemple a décidé les habitants de cette petite ville à continuer son ouvrage, qui a reçu, sous l'administration de M.* Cellerier, *l'un de mes prédécesseurs, son entière exécution.*

» *Que la canalisation de la Dronne, de Laroche-Chalais à Coutras, que réclame depuis si longtemps une grande étendue de pays, privée de communication par eau avec Bordeaux, ce grand foyer de consommation, a été aussi l'objet de ses soins, de ses veilles et de ses sacrifices;*

que, pour en constater la possibilité, il a fait lever à ses frais le plan du cours de cette rivière, dans lequel on trouve les nivellements, les sondes, tous les villages et hameaux en vue des deux rives de cette rivière, sa jonction avec celle de l'Isle sous Coutras, le plan de ce dernier lieu, celui de Laroche-Chalais, enfin la route départementale de ce premier lieu au second.

» Ce plan, de la plus belle exécution, et qui forme un atlas cartonné, de cinq feuilles, papier grand-monde, fut mis, par M. TRIGANT-GAUTIER, sous les yeux du Conseil de cet arrondisssement, session de 1821, séance du 1er août, qui vota des éloges et des remercîments à son auteur.

» Que les choses restèrent en suspens pendant plus de six ans, malgré les efforts soutenus de M. TRIGANT-GAUTIER pour faire réussir cette belle et utile entreprise, et jusqu'au moment de la nomination de M. le baron D'HAUSSEZ à la préfecture de la Gironde. Cet habile magistrat voulut *bien accueillir ce projet et s'occuper de son exécution avec tout l'intérêt qu'il méritait, au moyen de doubles plans inclinés d'une nouvelle invention, faisant franchir les barrages des moulins à des bateaux du port de dix tonneaux.*

Que M. TRIGANT-GAUTIER a eu le bonheur de voir ses soins et ses efforts couronnés par l'ordonnance royale du 12 octobre 1829, qui, rendue sur la proposition de M. D'HAUSSEZ, autorisa les travaux, en concédant à une société anonyme qui les entreprit, la perception d'un droit de navigation pendant une période de quatre-vingt dix-neuf ans.

» Mais cette canalisation terminée d'après le nouveau système des plans inclinés, on s'aperçut que deux barrages étaient absolument nécessaires pour élever les eaux sur des hauts fonds, qui, au temps des eaux maigres, rendraient la navigation impraticable, et qu'en outre, ces bateaux de dix tonneaux étaient insuffisants

pour le prompt transport des produits. Pour couvrir ces graves inconvénients, la société concessionnaire de cette entreprise a conçu le projet de substituer au système des plans inclinés, celui des écluses, telles qu'elles sont construites sur la rivière de l'Isle, de Coutras à Périgueux, au moyen duquel changement de système et de la construction de deux barrages, des bateaux chargés de vingt-cinq *à* trente *tonneaux pourront librement et en tout temps naviguer de Laroche-Chalais à Bordeaux.*

» *Dans l'objet de cette opération,* M. Trigant-Gautier *est envoyé en mission par la société susdite, auprès de M. le Ministre secrétaire d'État au département des Travaux publics, pour solliciter l'autorisation de procéder à l'exécution de ce nouveau plan de canalisation.*

» *Un pont de libre circulation a été construit à Laroche-Chalais, sur la même rivière, pour faciliter les communications entre les départements de la Dordogne et de la Charente-Inférieure, par la route départementale de Ribérac à Montlieu. Les frais de cette construction, qui se sont élevés à* vingt mille francs, *ont été faits par les habitants de Laroche-Chalais et de ses environs, au moyen d'une souscription volontaire et gratuite, dans laquelle* M. TRIGANT-GAUTIER *se trouve compris au nombre des plus forts souscripteurs.*

» *Toutes les sommes employées à ces divers travaux (celles de canalisation exceptées) ont été fournies par les habitants du pays, sans aucun secours étranger, auxquelles valeurs il faut ajouter la cession gratuite, par les riverains de la Dronne, des terrains nécessaires au chemin de halage, sur toute la ligne de navigation. On peut donc évaluer ce que le patriotisme a fourni pour la prospérité publique, dans ces diverses circonstances, à* quatre-vingt-dix mille francs.

» *Enfin, ce qui ajoute au mérite des*

efforts et des sacrifices faits par M. T<small>RI</small>-G<small>ANT</small>-G<small>AUTIER</small>, *pour ces diverses et impor-tantes entreprises dont il est l'artisan, c'est qu'il est père de famille et peu for-tuné.*

» *En foi de quoi.*

» Ribérac, le 30 mai 1839.

» *Le Sous-Préfet,*

» **LAGUIONIE.** »

RÉGULATEUR
PRATIQUE.

LÉGISLATION.

Règlements des 26 *octobre et* 19 *novembre* 1666, 28 *mai* 1714, 17 *juin* 1821, 4 *août* 1831, 17 *mars* 1739, 28 *août* 1745, *et* 18 *juin* 1765, par lesquels il est défendu de faire des trous ou des fouilles à côté des chaussées ou accotements, sur les glacis ou talus, de même que d'y faire aucune culture et d'y prendre du sable, de la pierre ou autres matériaux.

Ordonnances du Roi des 15 *février* 1741 *et* 22 *juin* 1751, d'après lesquelles il est défendu aux propriétaires dont les héritages sont plus bas que le chemin et en reçoivent les eaux, d'en inter-rompre le cours, soit pour l'exhaussement, soit pour la clôture des héritages, sauf la faculté de construire et d'entretenir des aquéducs, gargouilles et fossés propres à les débarrasser des eaux, conformément aux dimensions qui leur seront données.

Arrêt du Conseil d'État du 7 *septembre* 1755,

1

qui confirme ceux des 3 *octobre* 1663, 3 *décembre*
1672, *et* 22 *juin* 1706, établissant que les entrepreneurs des chemins publics pourront rechercher et prendre les pierres, les grès, le sable et
autres matériaux pour l'entretien des ouvrages
dont ils sont adjudicataires, dans tous les lieux
qui leur seront indiqués par les devis et adjudications des ouvrages susdits, sans néanmoins
qu'ils puissent les prendre dans les lieux qui
sont fermés de murs; que les propriétaires ne
pourront leur opposer aucun trouble ni empêchement, sous quelque prétexte que ce soit,
sous peine de toutes pertes, dépens, dommages-
intérêts, même d'amende et telle autre condamnation qu'il appartiendra, à la charge, par les
entrepreneurs, de pleinement et entièrement
dédommager les propriétaires de tout préjudice
qu'ils auraient pu souffrir pour l'extraction des
matériaux, et les dégâts auxquels aura donné
lieu l'enlèvement.

Arrêté du Conseil d'État du 21 *juin* 1776, portant : Quand le chemin de traverse conduit dans
un endroit où il y a foire et marché, sa largeur
est de 24 *pieds;* autrement il ne prend que 18
pieds; pour les uns et pour les autres, les fossés
doivent être de 3 *pieds* de largeur et 2 *pieds* de
profondeur; ils ne sont pas compris dans la largeur du chemin.

Loi du 6 octobre 1791, titre 1er, *art.* 12; *titre* 2, *art.* 40, portant : Les agents de l'administration pourront fouiller dans un champ pour y chercher des pierres, de la terre et du sable, nécessaires à l'entretien des chemins, à la charge d'en avertir le propriétaire et de l'indemniser à l'amiable ou à dire d'expert.

Les chemins reconnus nécessaires à la communication des Communes, seront rendus praticables et entretenus aux dépens de celles où ils se trouveront.

Sur les réclamations d'une des Communes et sur celles des particuliers, l'administration ordonnera l'amélioration d'un mauvais chemin, afin que la communication ne soit pas interrompue dans aucune saison, et elle en déterminera la largeur.

Les cultivateurs et autres qui auront dégradé, détérioré, de quelque manière que ce soit, des chemins publics, ou usurpé sur leur largeur, seront condamnés à la réparation ou à la restitution, et à une amende qui ne pourra excéder *vingt-quatre francs.*

Arrêté du Gouvernement du 11 *juillet* 1797 (23 *messidor an V*). Dans chaque département, l'administration fera dresser un état général des chemins vicinaux, de quelque espèce que ce soit.

Elle désignera ceux qui, à raison de leur utilité, doivent être conservés, et prononcera la
suppression de ceux reconnus inutiles.

L'emplacement de ces chemins sera rendu à
l'agriculture.

Loi du 1er *décembre* 1798 (11 *frimaire an VII*),
art. 4. Les dépenses communales sont celles de
la voirie et des chemins vicinaux, dans l'étendue
de la Commune, et l'entretien des fossés, aquéducs, ponts, à un usage et d'une utilité particulière à la Commune, et qui, de leur nature, ne
font pas partie des objets compris dans les dépenses générales des travaux publics.

Loi du 17 *février* 1800 (28 *pluviôse an VIII*),
art. 15. Le Conseil municipal règlera la répartition des travaux nécessaires à l'entretien et
aux réparations des chemins qui sont à la charge
des habitants.

Arrêté du Gouvernement du 23 *juillet* 1802 (4
thermidor an X), *art.* 6, 12 *et* 23. Les chemins
vicinaux seront à la charge des Communes. Les
Conseils municipaux émettront leur vœu sur le
mode qu'ils jugeront le plus convenable pour
parvenir à leur réparation. Ils proposeront, à
cet effet, l'organisation qui leur paraîtra devoir
être préférée pour la prestation en nature.

Lorsqu'il y aura des dépenses communes à
plusieurs municipalités, le Sous-Préfet déter-

minera, sur l'avis des Conseils municipaux, la portion dans laquelle chaque Commune supportera la dépense. Sur la décision du Sous-Préfet, approuvée par le Préfet, le Conseil municipal sera obligé de porter, dans l'état des dépenses annuelles de la Commune, la part à laquelle elles seront tenues.

Le Sous-Préfet veillera à ce que les dépenses communes à chaque municipalité soient acquittées par chacune d'elles, pour la part à laquelle elles seront assujetties, de manière que le service dont ces dépenses sont le prix, ne puisse jamais être interrompu.

Loi du 29 *février* 1804 (9 *ventôse an XII*), *art*. 8. Les poursuites sur la reconnaissance des anciennes limites, la largeur et la plantation des chemins vicinaux, seront portées devant le Conseil de préfecture, sauf recours au Conseil d'État.

Loi du 28 *février* 1805 (9 *ventôse an XIII*), *art*. 6 *et* 7. L'administration publique fera rechercher et reconnaître les anciennes limites des chemins vicinaux, et fixera, d'après cette reconnaissance, leur largeur d'après les localités, sans pouvoir cependant, lorsqu'il sera nécessaire de l'augmenter, la porter au-delà de 6 *mètres* (18 *pieds*), ni faire aucun changement aux chemins qui excèdent cette largeur.

A l'avenir, nul ne pourra planter sur les bords des chemins vicinaux, même dans sa propriété, sans leur conserver la largeur qui aura été fixée en vertu de l'article précédent.

Lois du 16 *septembre* 1807, *art.* 255, *et* 12 *avril* 1821, portant sur les indemnités à payer par les entrepreneurs des travaux publics pour occupation de terrain.

Ordonnance du Roi du 12 *avril* 1821, portant : Aux Préfets seuls appartient le droit de statuer sur la classification des chemins vicinaux, la reconnaissance de leurs anciennes limites, et la fixation de leur largeur. Il doit être prononcé sur ces points avant que le Conseil de préfecture puisse statuer sur les délits d'anticipation ou d'empiètement reprochés aux riverains. Aux tribunaux seuls appartient le droit de prononcer sur les questions de propriété, d'indemnité et même de dommages-intérêts.

Code civil, art. 671 *et* 672. Il n'est permis de planter des arbres de haute tige qu'à la distance prescrite par les règlements particuliers actuellement existants, ou par les usages constants et reconnus, et, à défaut de règlement et usage, qu'à la distance de 2 *mètres* de la ligne séparative des deux héritages, pour les arbres de haute tige, et à la distance de *demi-mètre* pour les autres arbres et haies vives.

Le voisin peut exiger que les arbres et haies plantés à une moindre distance soient arrachés. Celui sur la propriété duquel avancent les branches des arbres du voisin, peut contraindre celui-ci à couper ces branches; si ce sont les racines qui avancent sur son héritage, il a le droit de les y couper lui-même.

Code pénal, art. 471 *et* 474. Seront punis d'une amende depuis *un franc* jusqu'à *cinq francs* inclusivement, ceux qui auront embarrassé la voie publique, en y déposant ou y laissant sans nécessité des matériaux ou des choses quelconques qui empêchent ou diminuent la liberté ou la sûreté du passage.

La peine d'emprisonnement contre toutes les personnes mentionnées en l'art. 471, aura toujours lieu, en cas de récidive, pendant trois jours au plus.

Loi du 28 *juillet* 1824 (1).

Art. 1er. *Les chemins reconnus, par arrêté du Préfet, sur une délibération du Conseil municipal,*

---

(1) Les articles en italique indiquent les dispositions conservées par la loi du 21 mai 1836.

pour être nécessaires à la communication des Com-
munes, sont à la charge de celles sur le territoire
desquelles ils sont établis, sauf le cas prévu par
l'art. 9 ci-après.

Art. 2. Lorsque les revenus d'une Commune
ne suffisent pas aux dépenses ordinaires de ces
chemins, il y sera pourvu par des prestations
en nature ou en argent, au choix des contribuables (1).

Art. 3. Tout habitant chef de famille ou d'é-
tablissement, à titre de propriétaire, de régisseur, de fermier ou de colon partiaire, qui est
porté sur l'un des rôles des contributions directes, peut être tenu pour chaque année,

1°. A une prestation qui ne pourra excéder
deux journées de travail ou leur valeur en argent, pour lui et pour chacun de ses fils vivant
avec lui, ainsi que pour chacun de ses domestiques mâles, pourvu que les uns et les autres
soient valides et âgés de vingt ans accomplis;

2°. Fournir deux journées au plus de chaque
bête de somme ou de trait, de cheval de selle
ou d'attelage de luxe, et de chaque charrette

_____

(1) Transporté et modifié dans la même loi. (*Voy.*
son article 2.)

en sa possession, pour son service et pour le service dont il est chargé (1).

Art. 4. En cas d'insuffisance des moyens ci-dessus, il pourra être perçu sur tout contribuable, jusqu'à cinq centimes additionnels au principal des contributions directes (2).

Art. 5. Les prestations et les cinq centimes additionnels, mentionnés en l'article précédent, seront votés par les Conseils municipaux, qui fixeront également le taux de la conversion des prestations en nature. Les Préfets autoriseront l'imposition. Le recouvrement en sera poursuivi comme pour les contributions directes, les dégrèvements prononcés sans frais, et les comptes rendus comme les autres dépenses communales.

Dans le cas prévu par l'article 4, *les Conseils municipaux devront être assistés des plus imposés*, en nombre *égal à celui de leurs membres* (3).

Art. 6. *Si des travaux indispensables exigent*

---

(1) Transporté et modifié dans la loi du 21 mai 1856. (*Voyez* l'article 3.)

(2) *Idem.*

(3) Ce paragraphe est conservé seulement dans le cas où il s'agirait de voter des contributions extraordinaires, en vertu de l'art. 6 qui suit, et que la loi nouvelle n'a pas abrogé.

· 1.

qu'il soit ajouté, par des contributions extraordi-
naires, au produit des prestations, il y sera pourvu
conformément aux lois par ordonnance royale (1).

---

(1) Pour que l'on ait recours à la mesure énoncée dans cet article, il faut nécessairement qu'il s'agisse de travaux dont l'exécution ne pourrait être ajournée à l'année suivante, époque à laquelle ils seraient confectionnés à l'aide des revenus, des prestations et des centimes additionnels. Cette contribution extraordinaire ne peut avoir lieu que pour des travaux également extraordinaires, et non pas ceux d'entretien.

Du reste, cette contribution n'est point limitée, comme le sont les prestations et les cinq centimes.

La loi du 15 mars 1818 règle les formalités à suivre pour obtenir l'autorisation d'imposer extraordinairement.

L'article 39 est ainsi conçu : « Dans le cas où les » cinq centimes additionnels imposés pour les dé- » penses des Communes étant épuisées, une Com- » mune aurait à pourvoir à une dépense véritable- » ment urgente, le Maire, sur l'autorisation du Pré- » fet, convoque le Conseil municipal et les plus forts » contribuables aux rôles de la Commune, en nom- » bre égal à celui des Membres du Conseil munici- » pal, pour reconnaître l'urgence de la dépense, l'in- » suffisance des revenus communaux, et des cinq cen- » times ordinaires pour y pourvoir. »

Art. 41. « Le Conseil municipal, auquel, aux termes

Art. 7. Toutes les fois qu'un chemin sera habituellement ou temporairement dégradé par des exploitations de mines, de carrières, de forêts ou de toute autre entreprise industrielle, il pourra y avoir lieu à obliger les entrepreneurs ou propriétaires à des subventions particulières, lesquelles seront, sur la demande des Communes, réglées d'après expertises contradictoires (1).

Art. 8. Les propriétés de l'État et de la Couronne contribueront aux dépenses des chemins vicinaux dans les proportions qui seront réglées par les Préfets, en Conseil de préfecture (2).

Art. 9. Lorsqu'un chemin intéresse plusieurs Communes, et en cas de discord entre elles sur la proportion de cet intérêt et des charges à supporter, ou en cas de refus de subvenir auxdites charges, le Préfet prononce en Conseil de préfecture, sur la délibération des Conseils munici-

---

» de l'art. 39, auront été adjoints les plus forts con-
» tribuables, votera sur les centimes extraordinaires
» proposés. Dans le cas où ils seraient consentis, la
» délibération sera adressée au Préfet. »

(1) Transporté et modifié dans la loi du 21 mai 1836. (*Voyez* son art. 14.)

(2) *Idem.* (*Voyez* son art. 13.)

paux assistés des plus imposés, ainsi qu'il est dit à l'article 5 (1).

Art. 10. *Les acquisitions, aliénations et échanges ayant pour objet les chemins vicinaux, seront autorisés, par arrêté du Préfet en Conseil de préfecture, après délibération des Conseils municipaux intéressés, et après enquête* de commodo et incommodo, lorsque la valeur des terrains à acquérir, à vendre ou échanger, n'excèdera pas trois mille francs.

Seront aussi autorisés par les Préfets, dans les mêmes formes, les travaux d'ouverture et d'élargissement desdits chemins, et l'extraction des matériaux nécessaires à leur établissement, qui pourront donner lieu à des expropriations pour cause d'utilité publique, en vertu de la loi du 8 mars 1810, lorsque l'indemnité due aux propriétaires, pour les terrains et pour les matériaux, n'excèdera pas la même somme de trois mille francs (2).

---

(1) *Voir* les articles 6 et 7 de la nouvelle loi.
(2) *Voir* les articles 15, 16 et 17 de la loi nouvelle.

Loi du 21 *mai* 1836.

SECTION PREMIÈRE. — *Chemins vicinaux.*

Art. 1ᵉʳ. Les chemins vicinaux légalement reconnus sont à la charge des Communes, sauf les dispositions de l'art. 7 ci-après.

Art. 2. En cas d'insuffisance des ressources ordinaires des Communes, il sera pourvu à l'entretien des chemins vicinaux, à l'aide, soit des prestations en nature, dont le *maximum* est fixé à trois journées de travail, soit de centimes spéciaux en addition au principal des quatre contributions directes, et dont le *maximum* est fixé à cinq.

Le Conseil municipal pourra voter l'une ou l'autre de ces ressources, ou toutes les deux concurremment.

Le concours des plus imposés ne sera pas nécessaire dans les délibérations prises pour l'exécution du présent article.

Art. 3. Tout habitant, chef de famille ou d'établissement, à titre de propriétaire, de régisseur, de fermier ou de colon partiaire, porté au rôle des contributions directes, pourra être appelé à fournir chaque année une prestation de trois jours,

1º. Pour sa personne, pour chaque individu

mâle, valide, âgé de dix-huit ans au moins et de soixante ans au plus, membre ou serviteur de la famille et résidant dans la Commune;

2°. Pour chacune des charrettes ou voitures attelées, et, en outre, pour chacune des bêtes de somme, de trait et de selle au service de la famille ou de l'établissement dans la Commune.

Art. 4. La prestation sera appréciée en argent, conformément à la valeur qui aura été attribuée annuellement pour la Commune à chaque espèce de journée par le Conseil général, sur les propositions des Conseils d'arrondissement.

La prestation pourra être acquittée en nature ou en argent, au gré du contribuable; toutes les fois que le contribuable n'aura pas opté dans les délais prescrits, la prestation sera de droit exigible en argent.

La prestation non rachetée en argent pourra être convertie en tâches, d'après les bases et évaluations de travaux préalablement fixées par le Conseil municipal.

Art. 5. Si le Conseil municipal, mis en demeure, n'a pas voté, dans la session désignée à cet effet, les prestations et centimes nécessaires, ou si la Commune n'en a pas fait emploi dans les délais prescrits, le Préfet pourra d'office, soit imposer la Commune dans les limites du *maximum*, soit faire exécuter les travaux.

Chaque année le Préfet communiquera au Conseil général l'état des impositions établies d'office en vertu du présent article.

Art. 6. Lorsqu'un chemin vicinal intéressera plusieurs Communes, le Préfet, sur l'avis des Conseils municipaux, désignera les Communes qui devront concourir à sa construction ou à son entretien, et fixera la proportion dans laquelle chacune d'elles y contribuera.

SECTION II. — *Chemins de grande communication* (1).

Art. 7. Les chemins vicinaux peuvent, selon leur importance, être déclarés chemins de grande

---

(1) Cette dénomination n'ôte pas aux chemins dont il s'agit, le caractère de *chemins vicinaux*, qu'ils avaient préalablement reçu des arrêtés de reconnaissance et de classement. Ils restent donc chemins vicinaux; ils en conservent tous les priviléges; ils sont imprescriptibles; le sol de ces chemins continue d'appartenir aux Communes qui demeurent en partie soumises à leur entretien; enfin, les fonds départementaux qu'il est permis d'y affecter ne venant qu'à titre de secours, de subvention, les travaux qui s'y exécutent sont des travaux communaux, bien que placés sous l'autorité immédiate du Préfet.

communication, par le Conseil général, sur
l'avis des Conseils municipaux, des Conseils
d'arrondissement et sur la proposition du Préfet.

Sur les mêmes avis et proposition, le Conseil
général détermine la direction de chaque chemin de grande communication, et désigne les
Communes qui doivent contribuer à sa construction ou à son entretien.

Le Préfet fixe la largeur et les limites du chemin, et détermine annuellement la proportion
dans laquelle chaque commune doit concourir
à l'entretien de la ligne vicinale dont elle dépend ; il statue sur les offres faites par les particuliers, associations de particuliers ou de Communes.

Art. 8. Les chemins vicinaux de grande communication, et, dans des cas extraordinaires, les
autres chemins vicinaux, pourront recevoir des
subventions sur les fonds départementaux.

Il sera pourvu à ces subventions au moyen
des centimes facultatifs ordinaires du département et de centimes spéciaux, votés annuellement par le Conseil général.

La distribution des subventions sera faite en
ayant égard aux ressources, aux sacrifices et
aux besoins des Communes, par le Préfet, qui
en rendra compte chaque année au Conseil général.

Les Communes acquitteront la portion des dépenses mises à leur charge, au moyen de leur
revenu ordinaire, et, en cas d'insuffisance, au
moyen de deux journées de prestation sur les
trois autorisées par l'art. 2, et des deux tiers des
centimes votés par le Conseil municipal, en
vertu du même article.

Art. 9. Les chemins vicinaux de grande communication sont placés sous l'autorité du Préfet;
les dispositions des articles 4 et 5 de la présente
loi leur sont applicables.

Dispositions générales.

Art. 10. Les chemins vicinaux reconnus et
maintenus comme tels sont imprescriptibles.

Art. 11. Le Préfet pourra nommer des agents
voyers.

Leur traitement sera fixé par Conseil général.

Ce traitement sera prélevé sur les fonds affectés aux travaux.

Les agents voyers prêteront serment; ils auront le droit de constater les contraventions et
délits, et d'en dresser des procès-verbaux.

Art. 12. Le *maximum* des centimes spéciaux
qui pourront être votés par les Conseils géné-
reux, en vertu de la présente loi, sera déterminé
annuellement par la loi des finances.

Art. 13. Les propriétés de l'État productives de revenus, contribueront aux dépenses des chemins vicinaux dans les mêmes proportions que les propriétés privées, et d'après un rôle spécial dressé par le Préfet.

Les propriétés de la Couronne contribuent aux mêmes dépenses, conformément à l'article 13 de la loi du 2 mars 1832.

Art. 14. Toutes les fois qu'un chemin vicinal, entretenu à l'état de viabilité par une Commune, sera habituellement ou temporairement dégradé par des exploitations de mines, de carrières, de forêts ou de toute entreprise industrielle appartenant à des particuliers et des établissements publics, à la Couronne ou à l'État, il pourra y avoir lieu à imposer aux entrepreneurs ou propriétaires, suivant que l'exploitation ou les transports auront eu lieu pour les uns et les autres, des subventions spéciales, dont la quotité sera, proportionnée à la dégradation extraordinaire qui devra être attribuée aux exploitations.

Ces subventions pourront, au choix des subventionnaires, être acquittées en argent ou en prestation en nature, et seront exclusivement affectées à ceux des chemins qui y auront donné lieu.

Elles seront réglées annuellement, sur la demande des Communes, par les Conseils de préfecture, après des expertises contradictoires, et,recouvrées comme en matière de contributions directes.

Les experts seront nommés suivant le mode déterminé par l'article 17 ci-après.

Ces subventions pourront aussi être déterminées par abonnement; elles seront réglées, dans ce cas, par le Préfet, en Conseil de préfecture.

Art. 15. Les arrêtés des Préfets portant reconnaissance et fixation de la largeur d'un chemin vicinal, attribuent définitivement au chemin le sol compris dans les limites qu'ils déterminent.

Le droit des propriétaires riverains se résout en une indemnité, qui sera réglée à l'amiable (1),

---

(1) *A l'amiable...* C'est sans doute la première et la meilleure voie qui soit ouverte, les conditions de l'indemnité débattues entre le Maire et le Propriétaire intéressé. S'il y a accord, elles seront soumises au Conseil municipal, et le Préfet statuera en Conseil de Préfecture, comme il est dit dans l'art. 10 de la loi du 28 juillet 1824, mais sans qu'il soit besoin désormais d'une enquête *de commodo et incommodo*, et sans qu'il y ait lieu d'examiner si l'indemnité dépasse 3,000 fr.; cela résulte de ces expressions : « Les arrêtés du Préfet attribuent définitivement. »

ou par le Juge-de-Paix du Canton, sur le rapport d'experts nommés conformément à l'article 17.

Art. 16. Les travaux d'ouverture et de redressement des chemins vicinaux seront autorisés
par arrêté du Préfet.

Lorsque, pour l'exécution du présent article,
il y aura lieu de recourir à l'expropriation, le
Jury spécial chargé de régler les indemnités, ne
sera composé que de quatre jurés. Le tribunal
d'arrondissement, en prononçant l'expropriation, désignera, pour présider et diriger le Jury,
l'un de ses membres ou le Juge-de-Paix du Canton. Ce Magistrat aura voix délibérative en cas
de partage.

Le tribunal choisira sur la liste générale prescrite par l'article 29 de la loi du 7 juillet 1833,
quatre personnes pour former le Jury spécial,
et trois jurés supplémentaires. L'administration
et la partie intéressée auront respectivement le
droit d'exercer une récusation péremptoire.

Le Juge recevra les acquiescements des parties.

Son procès-verbal emportera translation définitive de propriété.

Le recours en cassation, soit contre le jugement qui prononcera l'expropriation, soit contre la déclaration du Jury qui règlera l'indemnité, n'aura lieu que dans les cas prévus et se-

lon les formes déterminées par la loi du 7 juillet 1833 (1).

Art. 17. Les extractions de matériaux, les dépôts ou enlèvements de terre, les occupations temporaires de terrains, seront autorisés par arrêté du Préfet, lequel désignera les lieux ; cet arrêté sera notifié aux parties intéressées au moins dix jours avant que son exécution puisse être commencée.

Si l'indemnité ne peut être fixée à l'amiable, elle sera réglée par le Conseil de préfecture, sur le rapport d'experts nommés, l'un par le Sous-Préfet, et l'autre par le propriétaire.

En cas de discord, le tiers expert sera nommé par le Conseil de Préfecture.

Art. 18. L'action en indemnité des propriétaires, pour les terrains qui auront servi à la confection des chemins vicinaux et pour extraction de matériaux, sera prescrite par le laps de deux ans.

Art. 19. En cas de changement de direction ou d'abandon d'un chemin vicinal, en tout ou partie, les propriétaires riverains de la partie de ce chemin qui cessera de servir de voie de communication, pourront faire leur soumission de

_____

(1) *Voir* les articles 20 et 42 de cette loi.

s'en rendre acquéreurs et d'en payer la valeur, qui sera fixée par des experts nommés dans la forme déterminée par l'article 17.

Art. 20. Les plans, procès-verbaux, certificats, significations, jugements, contrats, marchés, adjudications de travaux, quittances et autres actes ayant pour objet exclusif la construction, l'entretien et la réparation des chemins vicinaux, seront enregistrés moyennant le droit fixe d'un franc.

Les actions civiles intentées par les Communes ou dirigées contre elles, relativement à leurs chemins, seront jugées comme affaires sommaires et urgentes, conformément à l'article 405 du Code de procédure civile.

Art. 21. Dans l'année qui suivra la promulgation de la présente loi, chaque Préfet fera, pour en assurer l'exécution, un règlement qui sera communiqué au Conseil général, et transmis, avec ses observations, au Ministre de l'Intérieur, pour être approuvé s'il y a lieu.

Ce règlement fixera, dans chaque département, le *maximum* de la largeur des chemins vicinaux; il fixera en outre les délais nécessaires à l'exécution de chaque mesure, les époques auxquelles les prestations en nature devront être faites, le mode de leur emploi ou de leur conversion en tâche, et statuera, en même

temps, sur tout ce qui est relatif à la confection
des rôles, à la comptabilité, aux adjudications et
à leur forme, aux alignements, aux autorisations
de construire le long des chemins, à l'écoulement
des eaux, aux plantations, à l'élagage, aux fossés,
à leur curage, et à tous autres détails de surveillance et de conservation.

Art. 22. Toutes les dispositions des lois antérieures demeurent abrogées en ce qui est contraire à la présente loi.

*Ordonnance royale du 23 août 1835, sur
les Enquêtes pour les Travaux proposés
par les Communes.*

Vu l'article 3 de la loi du 7 juillet 1833, sur
l'expropriation pour cause d'utilité publique;

Vu l'ordonnance royale du 18 février 1834,
portant règlement sur les formalités des enquêtes qui doivent précéder la loi ou l'ordonnance
déclarative de l'utilité publique;

Considérant que cette ordonnance s'applique
aux travaux projetés dans un intérêt général,
prescrit des formalités dont quelques-unes seraient sans objets et incomplètes, en ce qui concerne les travaux d'intérêt purement communal
ou même départemental,

Notre Conseil d'état entendu,

Nous avons ordonné et ordonnons ce qui suit:

Art. 1er. Les enquêtes qui, au terme du paragraphe 3 de l'article 3 de la loi du 7 juillet 1833, doivent précéder les entreprises des travaux publics dont l'exécution doit avoir lieu en vertu d'une ordonnance royale, seront soumises aux formalités ci-après déterminées, pour les travaux proposés par un Conseil municipal dans l'intérêt exclusif de la Commune.

Art. 2. L'enquête s'ouvrira sur un projet où l'on fera connaître le but de l'entreprise, le tracé des travaux, les dispositions principales et l'appréciation sommaire des dépenses.

Art. 3. Ce projet sera déposé à la mairie pendant quinze jours, pour que chaque habitant puisse en prendre connaissance; à l'expiration de ce délai, un commissaire désigné par le Préfet, recevra à la mairie, pendant trois jours consécutifs, les déclarations des habitants sur l'utilité publique des travaux projetés. Les délais ci-dessus prescrits pour le dépôt des pièces à la mairie et pour la durée de l'enquête, pourront être prolongés par le Préfet.

Dans tous les cas, ces délais ne courront qu'à dater de l'avertissement donné par voie de publications et d'affiches.

Il sera justifié de l'accomplissement de cette formalité par un certificat du Maire.

Art. 4. Après avoir clos et signé le registre de ces déclarations, le commissaire le transmettra immédiatement au Maire, avec son avis motivé, et les autres pièces de l'instruction qui auront servi de base à l'enquête.

Si le registre d'enquête contient des déclarations contraires à l'adoption du projet, ou si l'avis du commissaire lui est opposé, le Conseil municipal sera appelé à les examiner, et émettra son avis par une délibération motivée, dont le procès-verbal sera joint aux pièces. Dans ce cas, le Maire adressera immédiatement les pièces au Sous-Préfet, avec son avis motivé.,

Art. 5. Le Préfet, après avoir pris, dans les cas prévus par les règlements, l'avis des Chambres de commerce et des Chambres consultatives des arts et manufactures, dans les lieux où il en est établi, enverra le tout à notre Ministre de l'Intérieur, avec son avis motivé, pour, sur son rapport, être statué par nous sur la question d'utilité publique des travaux, conformément aux dispositions de la loi du 7 juillet 1833.

Art. 6. Lorsque les travaux n'intéresseront pas exclusivement les Communes, l'enquête aura lieu, suivant leur degré d'importance, conformément aux articles 9 et 10 de l'ordonnance du 18 février 1834.

Art. 6. Notre Ministre des Finances sera préa-

lablement consulté, toutes les fois que les travaux entraîneront l'application de l'avis du Conseil d'État, approuvé le 21 février 1808, sur la
cession aux Communes de tout ou partie d'un
bien de l'État,

*Instruction du 22 mai 1835, relative à la
Vente des Terrains acquis pour des
Travaux d'utilité publique, et qui n'ont
pas reçu cette destination.*

Une ordonnance royale du 22 mars dernier,
insérée au *Bulletin des lois* sous le n° 5732, est
conçue en ces termes :

« Vu les articles 60, 61 et 66 de la loi du 7
» juillet 1833, sur l'expropriation pour cause
» d'utilité publique;

» Voulant régler le mode d'exercice du pri-
» vilége accordé par ces articles aux anciens pro-
» priétaires des terrains acquis pour des travaux
» d'utilité publique que l'administration serait
» dans le cas de revendre;

» Vu les avis de nos Ministres, secrétaires
» d'État, etc.;

» Nous avons ordonné et ordonnons ce qui
» suit :

» Art. 1er. Les terrains ou portions de terrains
» acquis pour des travaux d'utilité publique,

» et qui n'auraient pas reçu ou ne recevraient
» pas cette destination, seront remis à l'adminis-
» tration des domaines, pour être rétrocédés, s'il
» y a lieu, aux anciens propriétaires, ou à leurs
» ayant-droit, conformément aux articles 60 et
» 61 de la loi du 7 juillet 1833.

» Le contrat de rétrocession sera passé devant
» le Préfet, ou devant le Sous-Préfet, sur la dé-
» légation du Préfet, en présence et avec le con-
» cours d'un préposé de l'administration des do-
» maines, et d'un agent du ministère pour le
» compte duquel l'acquisition des terrains avait
» été faite.

» Le prix de rétrocession sera versé dans les
» caisses du domaine.

» Art. 2. Si les anciens propriétaires ou leurs
» ayant-droit encourent la déchéance du pri-
» vilége qui leur est accordé par les articles 60
» et 61 de la loi du 7 juillet, les terrains ou por-
» tions de terrains seront aliénés dans la forme
» tracée pour l'aliénation des biens de l'État, à la
» diligence de l'administration des domaines. »

Conformément à l'art. 1er de cette ordonnance, les terrains ou portions de terrains acquis
pour des travaux d'utilité publique, et qui auront été reconnus n'être pas dans le cas de recevoir cette destination, devront être remis aux
préposés des domaines.

Les art. 60 et 61 de la loi du 7 juillet 1833, ont déterminé le délai dans lequel les anciens propriétaires de ces terrains ou leurs ayant-droit sont tenus de déclarer leur volonté de les réacquérir, en vertu du privilége que la loi leur accorde, et le mode de fixation du prix de la rétrocession (1). L'ordonnance ci-dessus règle, en outre, que le contrat de rétrocession sera

---

(1) Art. 60. Si les terrains acquis pour des travaux d'utilité publique, ne reçoivent pas cette destination, les anciens propriétaires, ou leurs ayant-droit, pourront en demander la remise.

Le prix des terrains rétrocédés est fixé à l'amiable, et s'il n'y a pas accord par le Jury dans les formes ci-dessus prescrites, la fixation par le Jury ne peut, en aucun cas, excéder la somme moyennant laquelle l'État est devenu propriétaire desdits terrains.

Art. 61. Un avis publié à la manière indiquée à l'art. 6, fait connaître les terrains que l'administration est dans le cas de revendre. Dans les trois mois de cette publication, les anciens propriétaires qui veulent réacquérir la propriété desdits terrains, sont tenus de le déclarer, et dans le mois de la fixation du prix, soit à l'amiable, soit judiciaire, ils doivent passer le contrat de rétrocession et en payer le prix, le tout à peine de déchéance du privilége que leur accorde l'article précédent.

passé devant le Préfet ou le Sous-Préfet, en présence et avec le concours d'un préposé des domaines, et que le prix en sera versé dans les caisses de l'administration. Ces dispositions sont conformes au principe établi par l'art. 3 de l'ordonnance royale du 14 septembre 1832, relativement à la vente des objets mobiliers et immobi-
liers provenant des ministères.

Les préposés veilleront à ce que les formalités
prescrites par les articles 60 et 61 de la loi du
7 juillet 1833, pour les rétrocessions dont il
s'agit, soient observées. Ils vérifieront les titres
et les droits des anciens propriétaires ou de ceux
qui se présenteront en leur nom, et s'assureront
qu'ils n'ont point encouru la déchéance du privilége que cette loi leur accorde.

Dans le cas de déchéance du privilége, les
terrains ou portions de terrains seront, aux
termes de l'art. 2 de l'ordonnance du 22 mars
dernier, vendus suivant le mode prescrit pour
l'aliénation des domaines de l'État.

Les recettes provenant, soit des ventes, soit
des rétrocessions faites aux anciens propriétaires ou leurs ayant-droit, seront portées dans les
écritures et comptes des préposés de l'administration, à la partie destinée aux *Produits di-*
vers, etc., sous un article distinct ayant pour titre :
Divers ministères. — Prix des rétrocessions et des

*revenus de terrains acquis pour des travaux d'uti-
lité publique.* Les receveurs des domaines verse-
ront ces produits aux caisses des receveurs des
finances, cumulativement avec leurs autres recettes.

D'après le dernier alinéa de l'art. 66 de la loi
du 7 juillet 1833, les dispositions de l'ordonnance du 22 mars 1835, de même que celles des
art. 60 et 61 de cette loi, s'appliquent aux propriétés acquises pour des travaux de fortifica-
tions et qui n'auront pu recevoir cette destination.

Le Conseiller d'État, Directeur général de
l'Enregistrement et des Domaines,

Signé CALMON.

*Expropriation pour cause d'utilité publi-
que. — Enregistrement* gratis *au profit
d'une Commune.*

La vente consentie *volontairement*, au profit
d'une Commune, de terrains dont elle était dûment autorisée à poursuivre l'expropriation pour
cause d'utilité publique, doit être enregistrée
gratis, par application de l'art. 58 de la loi du 7
juillet 1833.

C'est ce qu'établit une décision de la régie, dont voici l'extrait : « Il résulte de l'art. 13 de la loi du 7 juillet 1833, que, lorsque l'exécution des travaux d'utilité publique a été autorisée, et que les mesures préparatoires ont été remplies, deux voies sont ouvertes pour la dépossession des propriétaires de bâtiments et de terrains, savoir : la cession amiable et l'expropriation par jugement. Suivant l'art. 19 de la même loi, les règles relatives à la transcription du jugement d'expropriation, aux actions en résolutions ou revendications, etc., sont également applicables, dans le cas de conventions amiables, aux contrats passés entre l'administration et le propriétaire. Enfin, dans l'énumération des actes dispensés des droits de timbre et d'enregistrement, l'art. 58 énonce immédiatement après les jugements, les *contrats;* et cette dernière exception ne peut s'appliquer qu'aux cessions amiablement consenties. » D'après ces motifs, M. le Ministre des Finances a décidé que les actes d'acquisition d'immeubles faits par les Communes pour des travaux d'utilité publique, en relatant la loi spéciale ou l'ordonnance royale qui aura autorisé ces travaux, et la poursuite en expropriation des propriétaires des immeubles, seront admis au visa pour timbre et à l'enregistrement *gratis,* par application dudit article 53.

Prestation en nature.

(Circulaire ministérielle du 21 octobre 1836.)

« MONSIEUR LE PRÉFET,

» Jái été consulté de quelques départements sur la question de savoir si, en conduisant une voiture ou des bêtes de somme à un atelier de chemins vicinaux, un contribuable s'acquitte.de la prestation en nature qui a pu lui être imposée pour sa personne, en vertu de l'art. 3 de la loi du 21 mai 1836.

» Aucune solution n'avait été donnée à cet égard par l'instructiou du 24 juin, parce qu'il m'avait paru que la question ainsi posée portait elle-même sa réponse.

» Il est évident, en effet, que le contribuable qui aura conduit ou fait conduire une charrette pendant trois journées pour le service des chemins vicinaux, aura par le fait acquitté en même temps, 1° les trois journées qui lui sont demandées pour la charrette et pour l'attelage, et 2° les trois journées de travail d'homme. On a fait observer que l'homme qui conduit une charrette ne travaille pas manuellement à la réparation des chemins ; mais cette observation tombe

d'elle-même : ce que la loi a voulu, c'est que tout
contribuable valide pût être astreint à donner à
la Commune trois journées de son temps pour le
service des chemins vicinaux. La loi n'a pas pu
et n'a pas dû prescrire la manière dont seraient
employées ces trois journées, et il suffit, je le
répète, que leur emploi ait pour objet le service des chemins vicinaux.

» Si cette difficulté se présentait dans votre
département, vous voudriez donc bien, monsieur le Préfet, la résoudre dans le sens des observations qui précèdent. »

Chemins vicinaux de grande communica-
tion. — Fixation annuelle du contin-
gent des Communes intéressées.

(Extrait de la Circulaire du Ministre de l'Intérieur,
du 24 décembre 1836.)

« L'art. 7 de la loi du 21 mai 1836, après avoir
dit comment doit se faire la désignation des
Communes qui auront à contribuer à la construction ou à l'entretien de chaque chemin vicinal de grande communication, porte, entre
autres dispositions, que le Préfet déterminera
annuellement la proportion dans laquelle cha-

que Commune doit concourir à l'entretien de la ligne vicinale dont elle dépend.

» L'art. 8 porte que les Communes acquitteront la portion des dépenses mises à leur charge, au moyen de leurs revenus ordinaires, et en cas d'insuffisance, au moyen de deux journées de prestation sur les trois journées autorisées par l'art. 2, et des deux tiers des centimes facultatifs votés par le Conseil municipal en vertu du même article.

» Quelques questions qui m'ont été récemment adressées, me portent à penser qu'on n'a pas généralement saisi la corrélation de ces deux articles de la loi. Il m'a paru exister des doutes, principalement sur la question de savoir si les Préfets doivent fixer le contingent des Communes avant d'avoir fait délibérer les Conseils municipaux, ou si, au contraire, ils doivent appeler les Conseils municipaux à délibérer d'abord sur la proposition du concours qu'ils seraient disposés à offrir, et fixer ensuite le contingent sur le vu des délibérations.

» Sur ce point spécial, les termes mêmes de la loi sont un guide suffisant.

» Les Communes doivent acquitter les dépenses mises à leur charge, soit sur leurs revenus ordinaires, soit, en cas d'insuffisance de ces revenus, au moyen de deux journées de prestation et des deux tiers des centimes votés conformément à l'art. 2 de la loi. Il y a donc ici une appréciation à faire par le Conseil municipal, d'abord sur la possibilité d'acquitter le contingent de la Commune sur les fonds libres au budget communal; et ensuite, en cas d'insuffisance, sur la nécessité d'y affecter des prestations ou des centimes dans les limites fixées. Or, pour que le Conseil municipal puisse délibérer sur ce qu'il doit faire, il est indispensable qu'il connaisse préalablement les dépenses mises à la charge de la Commune. En l'absence de cet élément, le Conseil municipal ne pourrait faire que des offres vagues, que peut-être il maintiendrait dans une proportion trop restreinte, dans la crainte de faire au-delà de ce qui serait nécessaire.

» Voici donc la marche qui me parait devoir être suivie pour arriver à une exécution régulière et facile des articles 7 et 8 qui nous occupent.

» Chaque année, dans les premiers jours d'avril au plus tard, vous devez vous faire remettre par les agents voyers, un rapport détaillé sur l'état et les besoins de chaque ligne de grande communication, et notamment sur les dépenses qu'il sera nécessaire d'y faire dans le cours de l'année suivante.

» Ce travail préliminaire terminé pour chaque

ligne vicinale, vous devez, monsieur le Préfet, faire connaître avant la fin d'avril, au Maire de chaque Commune intéressée à une ligne, que la dépense à faire sur cette ligne pendant l'année suivante est fixé à..... francs; que, dans cette dépense, le contingent de la Commune est fixé à..... francs, et que vous inviterez le Conseil municipal à délibérer sur les moyens d'acquitter ce contingent.....

» Dans la session de mai, le Maire placera votre décision sous les yeux du Conseil municipal, qui doit voter pour l'acquittement de son contingent, soit un prélèvement sur les revenus ordinaires, soit, en cas d'insuffisance de ces revenus, des prestations en nature jusqu'au *maximum* des deux journées, ou des centimes jusqu'au *maximum* également fixé par la loi.

» Il importe d'ailleurs que vos instructions fassent bien comprendre aux Conseils municipaux que si la loi a fixé le *maximum* du contingent qui peut être exigé des Communes, la loi n'a pas entendu limiter les offres et les sacrifices volontaires des Communes. Si donc des Communes qui auraient un puissant intérêt à la prompte amélioration d'une ligne vicinale, voulaient en hâter les travaux par des efforts extraordinaires, rien n'empêcherait les Conseils municipaux, soit d'y affecter des fonds plus considérables sur les revenus ordinaires, soit de voter des impositions extraordinaires, comme le permet l'art. 6, non abrogé, de la loi du 28 juillet 1824. Les Conseils municipaux doivent être prévenus, au contraire, que ces efforts de leur part seront pris par vous en grande considération dans la répartition des subventions départementales.

» Vous devez veiller, monsieur le Préfet, à ce que toutes les délibérations des Conseils municipaux vous soient adressées aussitôt après la clôture de la session de mai, et vous vous occuperez immédiatement de leur examen.

» Il est à espérer que toujours les Conseils municipaux se seront montrés empressés de pourvoir aux obligations que la loi leur impose, et qu'ils auront compris que les sacrifices faits en faveur des voies de communication, sont des sacrifices dont le pays est récompensé au centuple. Si cependant quelques Conseils municipaux avaient méconnu le véritable intérêt des localités qu'ils représentent; s'il en était qui se fussent abstenus, en tout ou en partie, d'assurer l'acquittement des dépenses que la loi met à leur charge, ce serait le cas où vous vous verriez contraint, monsieur le Préfet, d'user des pouvoirs que la loi met alors à votre disposition, et d'imposer d'office les Communes récalcitrantes.

Vous prendriez, pour chacune de ces Communes, un arrêté spécial que vous notifieriez au Maire, pour que la Commune en ait connaissance, et vous assureriez l'exécution de cet arrêté. »

Chemins Vicinaux. — Remises des Percepteurs.

(Circulaire ministérielle du 10 janvier 1837.)

« MONSIEUR LE PRÉFET,

» Une circulaire de monsieur le Conseiller d'État directeur de la comptabilité générale des finances, en date du 23 décembre dernier, a fait connaître à messieurs les receveurs-généraux des finances, que la loi du 27 mai 1836, et celle du 18 juillet suivant, portant fixation du budget des recettes de l'exercice de 1837, en autorisant les départements et les Communes à s'imposer additionnellement aux contributions directes pour les dépenses des chemins vicinaux, n'ont point alloué de fonds pour les remises des percepteurs et des receveurs des finances sur les recouvrements provenant de ces impositions additionnelles; qu'il n'existe par conséquent pas au budget du Ministère des Finances, de crédit sur lequel puisse être imputée la dépense qui résulterait du paiement de ces remises; que, par ce motif, le Ministre a décidé que le trésor n'allouerait aucune taxation aux receveurs ni aux percepteurs sur le montant des impositions municipales et départementales relatives aux chemins vicinaux.

» Ce défaut de crédit doit être nécessairement réparé; car la loi du 21 mai 1836 n'ayant pas imposé aux agents de la perception l'obligation de recouvrer gratuitement les centimes additionnels applicables aux dépenses des chemins vicinaux, il n'est pas juste que les comptables soient privés des remises qui doivent leur être allouées sur ces recouvrements, au même titre que sur les prestations en nature. Toutefois, comme il n'était pas possible de suppléer en ce point au silence de la loi, monsieur le Ministre des Finances n'a pas pu mettre la dépense de ces remises à la charge du Trésor, et il a dû décider qu'il n'en serait pas alloué en 1837 par le Ministre des Finances.

» Mais, en ce qui me concerne, j'ai pensé que le recouvrement des centimes additionnels dont il s'agit étant effectué dans l'intérêt des Communes, et donnant lieu à des dépenses qui, dans la plupart des localités, sont payées par les percepteurs, qui sont en même temps receveurs municipaux, il n'y avait aucun motif pour ne

pas allouer à ces comptables, sur le produit
même de l'imposition à verser dans les caisses
municipales pour être employé aux dépenses sur
mandat du Maire, ou qui est centralisé au fonds
de cotisations municipales, pour les chemins de
grande communication, une somme équivalente
aux remises qui leur sont acquises sur les contributions directes en général, et spécialement
sur le montant des prestations en nature, pour
l'entretien des chemins vicinaux.

» Vous devrez donc, monsieur le Préfet, donner des instructions pour autoriser les percepteurs à retenir, sur les sommes provenant des
impositions communales pour chemins vicinaux, le montant de leurs remises, évaluées à
3 p. 0/0 du produit des recouvrements. Cette
dépense, comme celle des prestations, sera rat-
tachée à la comptabilité communale dans les
écritures des receveurs, et leur sera allouée à
ce titre dans leurs comptes, sans qu'il soit besoin d'un crédit spécial au budget. Cette marche, qui simplifie les opérations, a déjà été prescrite par l'ordonnance du 28 juin 1833, en ce
qui concerne les remises allouées aux percepteurs pour le recouvrement des rentes et créan-
ces appartenant aux établissements charitables.
Les budgets de 1837 étant aujourd'hui réglés,
il ne serait plus d'ailleurs possible de faire déli-

bérer les Conseils municipaux sur une dépense qui, au surplus, est fixe et obligatoire de sa nature. »

Agents voyers. — Correspondance. — Franchise.

(Circulaire ministérielle du 17 février 1837.)

« 1°. Les agents voyers en chef sont autorisés à correspondre, sous bandes, avec les Préfets, les Sous-Préfets, les Maires et les agents voyers d'arrondissement et de canton, de leurs départements respectifs ;

» 2°. Les agents voyers d'arrondissement sont autorisés à correspondre, sous bandes, avec les Sous-Préfets, les Maires, les agents voyers de canton de leurs arrondissements respectifs ;

» 3°. Les agents voyers de canton sont autorisés à correspondre, sous bandes, avec les Maires de leurs cantons respectifs ;

» 4°. La franchise attribuée aux commissaires-voyers est supprimée.

» Enfin, MM. les Sous-Préfets d'arrondissements limitrophes, mais de départements différents, sont autorisés à correspondre entre eux, en franchise, sous bandes, pour l'exécution de la loi du 21 mai 1836. »

*Chemins vicinaux. — Agents voyers et
Ingénieurs des Ponts et Chaussées. —
Correspondance. — Franchise.*

D'après la circulaire qui précède, les agents
voyers en chef étaient *seuls* autorisés à correspondre avec les Préfets, et les agents voyers
d'arrondissement et de canton devaient adresser leurs dépêches aux Sous-Préfets et Maires
de leurs arrondissements et cantons respectifs.

Plusieurs Préfets ont fait observer qu'il n'exis-
tait point, dans leur département, d'agent voyer
en chef; ils ont demandé, en conséquence, que
les agents voyers pussent correspondre avec
eux, et réciproquement.

En outre, il a paru utile d'étendre aux ingénieurs des ponts et chaussées, chargés du service des chemins vicinaux, la faculté accordée
aux agents voyers.

En conséquence, les Ministres de l'Intérieur
et des Finances se sont entendus, et d'après décisions prises les 27 juillet et 25 août 1837,

« 1°. Les Préfets sont autorisés à correspondre en franchise, *sous bandes*, avec les agents
voyers de leurs départements respectifs;

» 2°. Les ingénieurs des ponts et chaussées,

chargés du service vicinal, sont autorisés à correspondre en franchise, *sous bandes,* dans le département de leur résidence, avec les fonctionnaires
ci-après désignés :

» Les agents voyers en chef,

» Les agents voyers d'arrondissement,

» Les agents voyers de canton,

» Les Maires;

» 3°. Les agents voyers d'arrondissement et
les agents voyers de canton sont autorisés à correspondre en franchise, *sous bandes,*

» Entre eux,

» Avec les Sous-Préfets et les Maires;

» Leur correspondance entre eux et avec les
fonctionnaires ci-dessus désignés, sera admise à
l'exemption de taxe, dans l'arrondissement de
leur résidence et dans les arrondissements limitrophes où s'étend leur service, à l'exclusion de
tout arrondissement qui n'appartiendrait pas au
département;

» 4°. Les lettres émanées des ingénieurs des
ponts et chaussées, ou adressées à ces fonctionnaires, ne seront admises à l'exemption de taxe
qu'autant que les ingénieurs seront désignés,
dans le contre-seing ou dans la suscription,
comme *chargés du service vicinal.* »

Chemins vicinaux. — Remises pour les prestations en nature. — Distribution des Avertissements.

(Circul. du Ministre de l'Intérieur, du 16 mai 1837.)

« MONSIEUR LE PRÉFET,

» L'instruction du 24 juin 1836, relative à l'exécution de la loi sur les chemins vicinaux, a posé en principe qu'il serait alloué des remises tant pour la confection que pour le recouvrement des rôles de prestations en nature. Ces remises ont été fixées ultérieurement, par une circulaire du 12 septembre 1836, concertée entre les Ministres des Finances et de l'Intérieur, savoir : pour les percepteurs-receveurs municipaux chargés du recouvrement, à 3 p. 0⁄0 du montant des rôles évalués en argent, et pour les directeurs des contributions directes chargés du travail et de la fourniture des imprimés relatifs à la confection des rôles et des avertissements, à quatre centimes par article, indépendamment d'un centime et demi alloué aux contrôleurs, pour la rédaction des états matrices et la vérification des réclamations.

» Ces dispositions n'ont présenté aucun embarras dans le plus grand nombre des localités,
quant à l'imputation de ces remises. Elle s'est
faite naturellement sur les fonds provenant des
prestations en nature rachetées en argent, et sur
le produit des centimes spéciaux votés pour le
service des chemins. Mais des difficultés se sont
élevées dans certaines Communes, qui ne s'é-
taient imposé que des prestations en nature,
dont aucune n'avait été rachetée en argent. Dans
cette occurrence, messieurs les Préfets ont demandé de quelle manière devrait se faire l'imputation des remises dues aux directeurs, aux
contrôleurs et receveurs. Quelques-uns de ces
magistrats ont proposé de les prélever sur les
fonds centralisés pour les chemins de grande
communication ; mais cette proposition ne m'a
pas paru pouvoir être adoptée. Elle aurait, en
effet, l'inconvénient de faire supporter par toutes les Communes qui contribuent à une ligne
vicinale, une dépense dont chacune d'elles doit
être spécialement chargée en raison des prestations en nature qu'elle s'impose, soit pour ses
propres chemins, soit même pour les chemins
de grande communication : car, dans ce dernier cas, chaque Commune devant apporter son
contingent à la ligne vicinale, il lui appartient
de pourvoir particulièrement aux moyens de

réaliser ce contingent, c'est-à-dire de faire les frais nécessaires pour la confection des rôles et le recouvrement.

» Cette observation, dont on ne saurait contester la justesse, conduit à reconnaître qu'en principe, la dépense de l'assiette et de la perception des prestations, est une dépense municipale, et que, par conséquent, à ce titre, il doit y être pourvu sur les fonds ordinaires du budget de la Commune, lorsqu'il n'y a pas de sommes provenant du rachat des prestations en nature, et, en cas d'insuffisance, au moyen de centimes additionnels autorisés conformément aux règles ordinaires.

» Je ne puis, monsieur le Préfet, que vous laisser le soin de donner à cet égard les instructions nécessaires à messieurs les Maires.

» Je saisirai cette occasion pour répondre à une question qui s'est élevée dans quelques localités, au sujet de la distribution des avertissements. On a demandé par qui la remise devait en être faite, et à la charge de qui devraient rester les frais que cette distribution pouvait occasioner. L'instruction du 24 juin avait réglé ce point : elle avait décidé que les avertissements seraient distribués sans frais, à la diligence des Maires, par l'intermédiaire des gardes champêtres. Mais depuis qu'en exécution des nouvelles

dispositions arrêtées avec le Ministre des Finances, le travail de la confection des rôles et
des avertissements a été remis à la direction
des contributions directes, il en est résulté que
tout ce qui tient au service des prestations en
nature doit être entièrement assimilé à ce qui se
pratique à l'égard des contributions ordinaires.
Par conséquent, c'est aux percepteurs - receveurs municipaux que demeure imposée, comme
charge du recouvrement, l'obligation de faire
remettre les avertissements relatifs aux prestations en nature, ainsi qu'ils le font pour les autres impôts directs. Cette obligation ne sera pas,
au surplus, onéreuse à ces comptables, attendu
qu'aux termes des règlements arrêtés par messieurs les Préfets, en exécution de l'art. 2 de la
loi du 21 mai 1836, les rôles et les avertissements pour le service des prestations doivent
être rédigés et envoyés dans les Communes à
la même époque que ceux des autres contribuables. Il sera dès lors facile de faire remettre les
uns et les autres aux contribuables par une seule
et même distribution; et, par conséquent, il n'en
résultera aucune espèce de frais dont les percepteurs-receveurs municipaux puissent légiti-
mement demander qu'on leur tienne compte;
mais les directeurs des contributions sentiront,
de leur côté, la nécessité de n'apporter, dans

la confection et l'envoi des avertissements aux époques prescrites, aucune espèce de retard, car ils en seraient naturellement responsables. »

Chemins vicinaux. — *Prestation en na-ture.* — *Tarif de Conversion en ar-gent.*

(Circulaire ministérielle.)

« MONSIEUR LE PRÉFET,

» Aux termes de l'art. 4 de la loi du 21 mai 1836, les Conseils généraux sont chargés d'ar-rêter le tarif d'après lequel la prestation en na-ture doit être appréciée en argent, lorsque les contribuables optent pour ce dernier mode d'ac-quittement de leurs cotes,

» Cette attribution a été exercée par les Con-seils généraux dans leur session de 1836, pour la première fois, et elle l'a été généralement d'une manière avantageuse à l'exécution de la loi.

» Il est quelques départements, cependant, où le Conseil général, entraîné sans doute par le désir de donner à son travail une plus grande perfection, y a introduit des développements et des détails qui ont rendu l'application des ta-

rifs, sinon tout-à-fait impossible, du moins ex-
trêmement difficile.

» En ce qui concerne l'évaluation de la journée
des bêtes de somme, de trait ou de selle, il est
quelques tarifs où l'on a établi des classes ou
catégories dans les prix de journée des mêmes
animaux, d'après l'usage habituel auquel ils
sont employés, et les commissaires-répartiteurs
se sont trouvés embarrassés sur la question de
savoir si le cheval possédé par un tel, devrait
être porté dans telle ou telle catégorie.

» Quant aux charrettes ou voitures, quelques
Conseils généraux, s'attachant au mot *attelées*,
qui se trouve dans la loi, ont cru qu'ils devaient
distinguer dans leurs tarifs les voitures à un
cheval, à deux chevaux, à trois chevaux, à une
paire de bœufs, etc., etc. Je pourrais même en
citer un où le tarif a été rédigé de manière à
faire de la prestation en nature, presqu'un impôt progressif, ce qui est contraire au texte et à
l'esprit de la loi.

» De ces divisions dans les tarifs il est résulté
un premier inconvénient, et il est grave: c'est
que l'administration des contributions directes,
qui n'avait dû prévoir que l'exécution littérale
de la loi, ayant fait imprimer des cadres qui
n'admettaient pas toutes ces divisions, des rec-
tifications considérables ont dû être faites à la

3

main; ailleurs, il a fallu faire imprimer des cadres particuliers d'états-matrices et de rôles
pour un seul département, ce qui a augmenté
considérablement les frais.

» Il est un autre point encore sur lequel les
tarifs arrêtés par les Conseils généraux ont présenté de la diversité :

» Les bêtes de trait et de somme, et les voitures, ne pouvant être employées au service
des chemins vicinaux qu'au moyen d'un conducteur, quelques Conseils généraux ont toujours dit dans leurs tarifs : *conducteur compris*, et
partant de cette donnée, ils ont établi le taux de
rachat en y faisant entrer la valeur de la journée du conducteur ; et comme il ne faut qu'un
conducteur pour une voiture à quatre chevaux
tout comme pour une voiture à un cheval, il s'en-
suivait que le propriétaire d'une voiture à un
cheval, qui voulait racheter sa prestation, devait
payer plus, proportion gardée, que le propriétaire de la voiture à quatre chevaux.

» Ces divergences, ces erreurs même, étaient
peut-être inévitables dans la première exécution
d'une disposition qui n'avait pu être parfaitement étudiée; mais il importe de profiter des lumières de l'expérience, et de provoquer, près des
Conseils généraux, dans leur prochaine session,
le retour à un mode plus uniforme dans la ré-

daction des tarifs prescrits par l'art. 4 de la loi.
En prononçant ici le mot d'*uniformité*, monsieur
le Préfet, je suis loin de prétendre imposer une
règle aux Conseils généraux ; je suis loin surtout de conseiller des tarifs semblables quant à
la valeur des journées de prestation, puisque
cette valeur varie nécessairement dans les diverses contrées du royaume ; mais l'uniformité
qui me paraît désirable, celle qui est même indispensable pour que l'administration des contributions directes puisse se conformer aux vœux
des Conseils généraux, c'est l'uniformité quant
aux grandes divisions des tarifs.

» Il me semble donc, monsieur le Préfet, que
pour rester dans l'esprit de la loi et rendre le
travail d'application des tarifs facile, tant aux
commissaires - répartiteurs qu'aux agents des
contributions directes, il conviendrait de se borner aux cinq divisions suivantes :

» 1°. Journées d'hommes ;

» 2°. Journées de chevaux ;

» 3°. Journées de bœufs, mulets ou ânes (ta-
rifés au même prix) ;

» 4°. Journées de voitures à deux roues ;

» 5°. Journées de voitures à quatre roues ;

» Quant aux journées d'hommes, il ne peut
se présenter aucune difficulté ; mais il importe,
pour les journées d'animaux ou de voitures, de

se fixer sur la valeur du mot *attelée*, et sur la condition introduite dans certains tarifs, *conducteur compris*.

» Le mot *attelée*, écrit dans la loi, n'a évidemment pour but, monsieur le Préfet, que de faire comprendre que, pour être imposables, les voitures doivent être habituellement employées. C'est ce qu'a expliqué l'instruction du 24 juin. Si on considérait le mot *attelée* comme indiquant la nécessité, pour le Conseil général, de diviser le tarif selon la nature de l'attelage, il s'ensuivrait qu'il faudrait faire six classes de voitures, depuis celles à un cheval, jusqu'à celles à six chevaux, que les exploitations agricoles emploient dans certaines provinces.

» Il me semble donc, monsieur le Préfet, qu'il y a lieu, dans la rédaction des tarifs, à considérer les voitures comme un simple instrument de transport, et isolément, c'est-à-dire, sans aucune relation avec l'attelage qui doit les traîner. La valeur donnée à la journée de voiture serait simplement la représentation du loyer de cette voiture sans attelage.

» De même, pour les bêtes de trait et de somme, il y aurait lieu de les considérer isolément, et sans relation avec la journée du conducteur. La valeur attribuée à la journée de ces animaux serait simplement la représentation du loyer

qu'il en coûterait, si on avait besoin de se procurer leur travail, sans celui du conducteur.

» Il y aurait donc lieu, monsieur le Préfet,
de reviser et de modifier les tarifs dans lesquels
le Conseil général aurait cru devoir ajouter le
prix de la journée du conducteur au prix de la
journée, soit des bêtes de trait et de somme,
soit des voitures.

» Il ne résulterait cependant pas de cette modification que le contribuable imposé pour des
journées de chevaux ou charrettes, pût se croire
dispensé de l'obligation de fournir un conducteur; car son obligation à cet égard ne dérivait
pas de l'addition, dans le tarif, des mots *conducteur compris*. Quelques contestations, ou au
moins quelques différences d'opinion, s'étant
élevées sur ce point, je crois devoir entrer à cet
égard dans quelques développements.

» D'après l'art. 3 de la loi du 21 mai 1836, il
peut être exigé de tout contribuable qui se
trouve dans les conditions voulues pour être
passible de la prestation en nature, jusqu'à trois
journées pour chacune de ses charrettes ou voitures attelées, et pour chacune de ses bêtes de
somme, de trait ou de selle.

» Cette prestation est imposée par la loi
comme moyen de concours dans la réparation
des chemins vicinaux; c'est donc le travail de

leurs chevaux et de leurs voitures, qui est demandé aux contribuables, et ils ne seraient
certes pas admis à prétendre se libérer en faisant simplement stationner ces chevaux et ces
voitures sur un chemin vicinal, ou en les met-
tant à la disposition de l'autorité et lui délais-
sant le soin de les faire travailler. Une semblable
prétention ne serait admise par aucun tribunal; car, je le répète, les contribuables auxquels ces trois journées de travail sont demandées pour les chevaux et les voitures qui leur
appartiennent, doivent pourvoir à ce que ce travail soit fait; ils doivent, en un mot, fournir le
conducteur nécessaire pour que ces moyens de
transport soient utilisés conformément au vœu
de la loi. Ici la journée du conducteur n'est pas
une charge additionnelle; la nécessité de la fournir n'est que la conséquence de l'imposition
elle-même. C'est en la considérant ainsi que la
circulaire du 21 octobre 1836, n° 62, a dit que,
lorsqu'un prestataire devait à la fois des journées
d'hommes et des journées de chevaux et de voitures, il y avait lieu de précompter sur les premières les journées du conducteur des chevaux
et voitures.

» Ainsi donc, monsieur le Préfet, l'obligation
des contribuables est clairement établie par l'article de la loi en ce qui concerne la prestation

qu'ils veulent fournir en nature; ils doivent fournir le conducteur nécessaire pour utiliser les
chevaux et voitures, sauf à précompter, s'il y a
possibilité, la journée du conducteur sur les
journées d'hommes qu'ils auraient à fournir.

» Mais de ce que la journée du conducteur n'est
pas une charge additionnelle à la prestation des
chevaux et des voitures; de ce que cette journée est seulement un accessoire éventuel, il s'ensuit aussi que lorsque le contribuable veut acquitter sa cote en argent, on ne doit plus compter
dans cette cote la valeur de la journée du conducteur. Le contribuable doit avoir le droit de
rédimer la journée de ses chevaux et de ses
voitures, en payant seulement la valeur attribuée au travail de ces chevaux et voitures, considérés isolément, ou, en d'autres termes, comme
je le disais plus haut, la représentation du loyer
de ces objets.

» Pour rendre ces explications plus claires
encore, établissons, d'après ce système, la cote
d'un contribuable : je n'ai pas besoin de vous
dire que les chiffres que je vais poser ne sont
que de simples indications; ils sont basés sur un
vote de trois journées de prestation.

BASE de COTISATION.	NOMBRE des JOURNÉES DUES.	VALEUR attribuée A CHAQUE ESPÈCE DE JOURNÉE.	VALEUR TOTALE.
Trois hommes...............	9	1 fr. » c.	9 fr. » c.
Six chevaux...............	18	1 50	27 »
Deux bœufs, mulets ou ânes...	6	0 50	3 »
Une voiture à quatre roues.....	3	2 »	6 60
Une voiture à deux roues......	3	1 »	3 »
			TOTAL 48 60

» Si le contribuable opte pour acquitter sa cote en nature, il devra être admis à employer, en tout ou en partie, les journées d'hommes qu'il doit à la conduite des chevaux et voitures. Si ces journées d'hommes y suffisent, le contribuable serait libéré de cette partie de sa cote; mais si, après avoir employé les neuf journées d'hommes, il devait encore des journées de chevaux et de voitures, il devrait être tenu de fournir le conducteur nécessaire, ou bien de payer le restant de sa cote en argent.

» Si le contribuable opte pour acquitter sa cote en argent, il devra, pour chaque partie de de cette cote, la somme portée dans la troisième colonne, somme qui, pour les chevaux et voitures, représente seulement le loyer, mais qui ne comprend pas la valeur de la journée du conducteur, par les motifs indiqués plus haut.

» En résumé, je pense, monsieur le Préfet, qu'il convient que, dans tous les départements, les tarifs de conversion en argent des prestations en nature soient rédigés d'après ces bases, savoir : 1º division des objets imposables en cinq catégories seulement, comme elles sont indiquées au commencement de cette circulaire; et 2º évaluation des journées de bêtes de trait, de somme et de selle, ainsi que des voitures,

3.

d'après la valeur du loyer seulement, et non compris la journée du conducteur.

» Quant à la valeur à attribuer à chaque journée, il appartient au Conseil général de la fixer comme le dit l'instruction du 24 juin, soit pour une certaine étendue de territoire, soit pour certaines catégories de Communes.

» Vous ne perdrez pas de vue, monsieur le Préfet, que la loi veut que le tarif soit arrêté par le Conseil général *annuellement*. Cela ne veut pas dire qu'il faut que ce tarif soit modifié chaque année, mais il est indispensable qu'il soit, à chaque session, placé sous les yeux du Conseil général, qui doit, s'il ne le modifie pas, déclarer qu'il le maintient pour l'année suivante.

» La décision du Conseil général doit ensuite être portée par vous à la connaissance de vos administrés, au moyen d'une insertion dans le recueil de vos actes administratifs.

» Vous voudrez bien profiter de la session qui va s'ouvrir sous peu, pour proposer au Conseil général de votre département de revoir le tarif qu'il a arrêté l'année dernière, et de le ramener, quant à la forme, aux bases posées dans la présente circulaire. La décision du Conseil général devra être, aussitôt après la session, notifiée à M. le Directeur des contributions directes, afin que ce chef de service puisse modifier, s'il y a lieu, les cadres des états-matrices, des rôles et des avertissements, et les mettre en harmonie avec le tarif qui aura été arrêté. »

Voie urbaine. — Plans et Projets d'Alignement.

(Circul. du Ministre de l'Intér., du 25 octobre 1857.)

« MONSIEUR LE PRÉFET,

» L'art. 52 de la loi du 16 septembre 1807 a prescrit, comme règle générale, que, dans les villes, les alignements seraient donnés par les Maires, d'après un plan qui devrait préalablement être arrêté par le Roi en son Conseil d'État, et mes prédécesseurs ont fait, ainsi que moi, de constants efforts pour déterminer les administrations municipales à présenter des plans d'alignements réguliers. Les circulaires des 18 août 1808, 29 octobre 1812, 17 août 1813, 23 février 1815 et 30 mai 1831, témoignent à cet égard de la sollicitude du Ministère de l'Intérieur, et elles ont réglé tous les détails d'exécution d'une opération qui importe également aux administrateurs et aux administrés.

» Malgré des invitations si souvent répétées,

le nombre des plans arrêtés par ordonnances
royales est encore peu considérable, comparé à
celui des villes auxquelles la mesure serait applicable ; et, au nombre des difficultés qui ont
entravé l'exécution de la loi de 1807, il faut sans
doute compter le peu d'empressement des Conseils municipaux à voter les fonds nécessaires à
la confection des plans.

» Il était indispensable, monsieur le Préfet,
que l'autorité supérieure reçût les moyens de
faire exécuter une loi de l'État, et il vient d'y
être pourvu. Les frais de levée des plans d'alignement ont été rangés au nombre des dépenses
obligatoires des Communes, par l'article 30 de
la loi du 18 juillet dernier : il vous appartient
donc désormais de suppléer à l'inertie de l'autorité locale.

» Je vous invite, en conséquence, à former
immédiatement l'état de toutes les villes de votre département auxquelles l'art. 52 de la loi du
16 septembre 1807 est applicable ; vous savez
que ce sont toutes celles d'une population agglo-
mérée de 2,000 âmes et au-dessus. Si déjà quelques villes ont des plans homologués par ordonnance royale, vous indiquerez la date de cette
ordonnance ; vous indiquerez également les
villes pour lesquelles la levée du plan serait
en cours d'exécution ; vous voudrez bien m'a-

dresser une copie de cet état avant le 30 novembre prochain.

» Quant aux villes dont les plans d'alignement ne sont encore ni arrêtés, ni entrepris,
vous devez inviter les Maires à s'occuper immédiatement de traiter avec un géomètre ou autre
homme de l'art, capable de se charger d'un
semblable travail, et, à la session de mai 1838,
les Conseils municipaux devront être invités
spécialement à voter les fonds nécessaires à
cette dépense. Si le Maire ne répondait pas à
cette invitation, ou si le Conseil municipal ne
votait pas la dépense, vous useriez du pouvoir
que la loi du 18 juillet dernier vous confère;
vous traiteriez pour la levée du plan (car ce serait le cas prévu par l'art. 15 de cette loi), et
vous porteriez pour la levée du plan la dépense
d'office au budget, cette dépense étant déclarée
obligatoire par l'art. 30 de la même loi. Je n'ai
pas besoin de vous dire que vous la répartirez
en plusieurs années, si la situation financière de
la ville le commandait impérieusement.

» Je recommande à tous vos soins, monsieur
le Préfet, l'exécution de cette disposition. La
levée des plans d'alignement des villes est une
mesure d'une grande importance, et pour les
administrateurs, qu'elle défend contre les pré-
tentions de l'intérêt privé, et pour les adminis-

trés, qu'elle met à l'abri de toute décision arbitraire. Il faut donc que cette mesure s'exécute
partout et dans un bref délai. Dans le courant
de juillet 1838, vous me ferez connaître, par un
nouveau rapport, quelles sont les villes dans lesquelles l'autorité locale n'aura pas rempli cette
obligation, et quelles sont les mesures que vous
aurez prises pour assurer la complète et prompte
exécution de la loi. »

Chemins vicinaux. — Acquisition des Terrains. — Purge des Hypothèques.

(Circulaire ministérielle du 17 décembre 1837.)

« MONSIEUR LE PRÉFET,

» La loi du 21 mai 1836, en donnant une nouvelle impulsion aux travaux de la voirie vicinale, a multiplié les acquisitions de terrains à
faire par les Communes.

» A l'occasion de ces acquisitions, j'ai été consulté sur les questions suivantes :

» 1°. Si la purge des priviléges et des hypothèques légales, judiciaires ou conventionnelles,
dont pourraient être grevés les immeubles acquis, doit avoir lieu conformément aux règles
tracées par le Code civil ;

» 2°. S'il n'y a pas lieu de s'en tenir aux formalités prescrites par les art. 16 et 17 de la loi
du 7 juillet 1833, sur l'expropriation pour cause
d'utilité publique ;

» 3°. Si même, pour les acquisitions dont le
prix n'excède pas la somme de cent francs, il
n'y a pas lieu, aux termes de l'ordonnance royale
du 31 août 1830, de se dispenser des formalités
prescrites pour la radiation et la purge des priviléges et hypothèques.

» Ces questions étant évidemment d'une application générale, je crois devoir, monsieur le Préfet, vous faire connaître l'opinion que j'ai adoptée en ce qui les concerne.

» Avant la loi du 7 juillet 1833, c'est-à-dire
sous l'empire de la loi du 8 mars 1810, on n'é-
tait pas d'accord sur la question de savoir si le
jugement d'expropriation pour cause d'utilité
publique ne purgeait pas de plein droit les priviléges et hypothèques. Dans le doute, l'administration devait se soumettre à la formalité de
la purge. Cependant, comme cette formalité, telle
qu'elle est réglée par le Code civil, est assez dis-
pendieuse, l'usage avait prévalu de s'en dispenser pour les acquisitions peu considérables. On
remarquait d'ailleurs que, dans les travaux
publics, l'expropriation ne porte d'ordinaire que
sur des lanières de terrains dont l'enlèvement

ne peut jamais altérer que faiblement la valeur totale des immeubles auxquels on les enlève, et qui souvent augmentent cette valeur par les travaux auxquels elles servent. Le gage des créanciers, loin d'être diminué, se trouve donc maintes fois accru par l'expropriation partielle d'un immeuble. Dès lors l'État pouvait, non-seulement sans inconvénient, mais même avec avantage, négliger la formalité coûteuse de la purge des hypothèques, quand l'acquisition était peu considérable.

» Tels furent les motifs qui portèrent l'administration des ponts et chaussées à demander, et le Ministre des Finances à accorder la dispense d'accomplir cette formalité, pour les acquisitions immobilières faites en vue de travaux d'utilité publique générale, et dont le prix n'excèderait pas cent francs.

» Les Communes ne tardèrent pas à réclamer la même faveur pour les acquisitions destinées à des travaux d'utilité publique communale. Leurs réclamations parurent raisonnables; mais, vu leur état de minorité, on crut que la dispense de la formalité de la purge devait leur être accordée par un acte plus solennel qu'une décision ministérielle. Alors fut rendue, sur le rapport d'un de nos prédécesseurs, de l'avis du comité de l'intérieur du Conseil d'État, l'ordonnance royale du 31 août 1830, qui disposa que le prix des acquisitions immobilières faites avec autorisation légale par les Communes, pour cause d'utilité publique régulièrement constatée, s'il n'excédait pas la somme de cent francs, pourrait être payé sans que les formalités prescrites pour la radiation et la purge légale des hypothèques eussent été préalablement accomplies, sans que, dans aucun cas, cette faculté pût porter atteinte aux droits, actions et priviléges des tiers créanciers, quand il en existerait.

» Lorsqu'on s'occupa de modifier la législation qui régissait l'expropriation pour cause d'utilité publique, dans le but de rendre cette expropriation plus rapide et moins onéreuse aux contribuables, on pensa qu'il convenait, dans tous les cas, quelle que fût la valeur des acquisitions, de simplifier les règles tracées par le Code civil, pour la purge des priviléges et hypothèques.

» De là les articles 16 et 17 de la loi du 7 juillet 1833.

» En présence de ces articles, monsieur le Ministre des Finances a rapporté les décisions précédentes de 1821 et 1825, en déclarant qu'il n'y a plus de distinction à faire entre les acquisitions immobilières du prix de cent francs, et les autres.

» D'ailleurs les formalités substituées par la loi du 7 juillet 1833, à celles que le Code civil impose, sont peu dispendieuses, puisque les frais se bornent au salaire du conservateur des hypothèques, pour la transcription du jugement d'expropriation et la délivrance du certificat d'inscription.

» Les règles à suivre pour la purge des priviléges et hypothèques, quant aux immeubles acquis par expropriation pour cause d'utilité publique, dans les travaux entrepris aux frais de l'État et des départements, sont aussi fixées d'une manière certaine.

» Il ne me paraît pas y avoir plus de difficulté pour les acquisitions faites en vue de travaux d'utilité publique communale.

» En effet, la loi du 7 juillet 1833 est applicable à ces travaux, sauf quelques modifications de formes introduites par cette loi elle-même (*voir* notamment l'art. 12), ou par celle du 21 mai 1836, en ce qui concerne spécialement les chemins vicinaux.

» Mais aucune de ces modifications n'est relative à la purge des hypothèques et des priviléges. Je crois donc que, pour cet objet, il faut, dans toutes les acquisitions faites par les Communes en vue de travaux d'utilité publique, par exemple, ceux des chemins vicinaux, s'en référer aux articles 16 et 17 de la loi du 7 juillet 1833, sans s'arrêter à l'ordonnance du 31 août 1830, qui avait été rendue dans le dessein d'épargner aux Communes, au moins pour les acquisitions peu importantes, les formalités compliquées et coûteuses du Code civil. »

Chemins vicinaux de grande communication. — Secours départementaux.

(Décision du Ministre de l'Intérieur, du 26 juin 1837.)

« Les sommes provenant des secours accordés par le département pour les travaux d'un chemin vicinal de grande communication, ne produisent pas de remises en faveur du receveur municipal. »

Cette décision est motivée sur ce que le Receveur municipal n'a, en pareil cas, aucun maniement de fonds, et que son rôle se borne à remettre les mandats au receveur des finances, qui en passe écriture pour le versement à la caisse de service.

Instructions adressées par M. le Ministre de l'Intérieur à MM. les Préfets, sur les aliénations ou acquisitions pour alignements.

(Circulaire du 23 janvier 1836.)

« MONSIEUR LE PRÉFET,

» Lorsqu'en exécution d'un plan d'alignement régulièrement arrêté par ordonnance royale, conformément à la loi du 16 septembre 1807, une Commune est dans la nécessité d'acheter ou de céder à un propriétaire les parcelles de terrain qui doivent border la voie publique, certaines préfectures se bornent à faire déterminer par experts l'indemnité qui peut être due au propriétaire ou à la Commune, et celle-ci en paie ou en reçoit le montant sans autorisation. D'autres, au contraire, considérant ces sortes de transactions comme des acquisitions ou des aliénations ordinaires d'immeubles, en adressent les pièces au ministère, pour être soumises à l'approbation royale.

» Cette incertitude dans la jurisprudence, sur

une question d'administration journalière, est fâcheuse pour le bon ordre du service, et il m'a paru utile de la faire cesser.

» Il est facile de se rendre compte des interprétations diverses qui ont été données aux prescriptions de la loi du 16 septembre 1807. En effet, cette loi pose en principe (art. 49) que les terrains nécessaires pour l'ouverture des rues, la formation des places, etc., seront payés à leurs propriétaires, à dire d'experts, d'après leur valeur, avant l'entreprise des travaux, et sans nulle augmentation du prix d'estimation ; disposition qui semble indiquer bien clairement qu'il suffira d'une simple expertise consentie par les villes et les propriétaires, pour que l'opération soit terminée ; mais, d'autre part, l'art. 51, après avoir déclaré que les propriétaires peuvent contraindre les villes à acheter la totalité de leurs bâtiments dont une partie entre seulement dans l'alignement, sauf à ces derniers à revendre ce qui leur sera inutile, ajoute que les cessions ainsi faites par les propriétaires, et les reventes, seront effectuées par un décret rendu en Conseil d'État. De cette dernière prescription on est porté à induire que la sanction royale est exigible pour les acquisitions faites par les Communes, pour alignements.

» Mais ces contradictions apparentes dispa-

raissent devant un examen plus attentif du texte
des articles précités, et, pour les concilier, il
suffit d'admettre une distinction qui est dans la
lettre comme dans l'esprit de la loi du 16 septembre 1807. Cette loi prévoit deux cas bien
distincts. Dans le premier, il ne s'agit pour la
ville que d'acquérir ou d'aliéner quelques parcelles de terrain retranchées ou concédées au
propriétaire qui demande alignement. Ces acquisitions et aliénations, peu importantes au
fond, sont d'ailleurs forcées, puisqu'on ne peut
refuser alignement à l'habitant qui veut construire, et que, par suite, il faut bien de toute
nécessité lui vendre la portion de la voie publique sur laquelle son bâtiment doit avancer,
ou lui payer la valeur de la portion qu'on lui
retranche, lorsqu'on l'oblige à reculer. Dans ce
cas, c'est une simple indemnité à accorder ou à
recevoir, et il semble devoir suffire que la
somme fixée par les experts soit créditée au
budget municipal.

» Dans le second cas, la position n'est pas la
même : ce n'est plus le propriétaire qui, voulant reconstruire, demande alignement, et à
qui il faut nécessairement vendre ou acheter la
partie de terrain retranchée ou ajoutée à la voie
publique, c'est la ville qui, dans un but d'embellissement, traite volontairement avec un par-

ticulier pour une acquisition immobilière. L'o-
pération n'a pas ce degré d'urgence et ce caractère d'indispensable nécessité, qui, dans le premier cas, ne laisse pas à examiner la question
d'opportunité. Ici l'administration supérieure
peut et doit intervenir utilement pour juger si
la situation financière de la ville lui permet
d'entreprendre immédiatement une dépense
qu'elle pourrait ajourner peut-être avec avantage, surtout si l'état de vétusté des bâtiments
à acquérir était tel, par exemple, qu'il y eût à
penser que le propriétaire serait obligé de les
démolir lui-même dans un temps rapproché.
Dans ce cas, l'affaire rentre dans la catégorie
des acquisitions ordinaires, et il y a lieu de recourir à l'autorisation royale.

» C'est sous ce point de vue que la question
vient d'être envisagée par le comité de l'intérieur du Conseil d'État, dont j'avais cru devoir
prendre l'avis à ce sujet.

» Ce comité, dans sa séance du 1er décembre
dernier, adoptant la distinction que j'avais moi-
même établie, a pensé :

« Que dans le cas où une Commune cède ou
» achète les terrains qui sont compris ou exclus
» par le plan d'alignement, à l'époque où un
» propriétaire veut construire ou reconstruire
» suivant cet alignement, le plan d'alignement

» a donné implicitement à la Commune toute
» l'autorisation nécessaire pour le faire exécu-
» ter ; mais qu'il n'en est pas de même dans le
» cas où un propriétaire peut vouloir, avant le
» temps où la vétusté de sa maison l'oblige à
» reculer, vendre tout ou partie de sa propriété,
» comme aussi dans celui où la Commune peut
» croire convenable de l'acheter : dans ce cas,
» ce n'est plus par suite d'un plan d'alignement
» que la Commune fait cette opération. Ainsi,
» une autorisation nouvelle est nécessaire, et
» l'acquisition doit être précédée par une décla-
» ration d'utilité publique, si les parties ne sont
» pas d'accord, ou par une ordonnance royale
» autorisant la vente à l'amiable. »

» D'après cet avis, dont j'ai adopté les dispositions, vous n'aurez pas, monsieur le Préfet, à
me soumettre les demandes des Communes,
relatives à des acquisitions ou à des aliénations immobilières faites en vue d'un alignement, toutes les fois qu'il ne s'agira que de portions de terrains cédées ou retranchées à la voie
publique, en exécution des plans approuvés, au
fur et à mesure que les propriétaires feront démolir leurs bâtiments volontairement ou pour
cause de vétusté. Il vous suffira, dans ce cas,
d'autoriser dans les budgets dont le règlement
vous appartient, le crédit nécessaire pour le

paiement des indemnités dues et fixées conformément à l'article 51 de la loi du 16 septembre 1807.

» Je saisis l'occasion de cette circulaire pour
appeler votre attention, monsieur le Préfet, sur
la nécessité d'inviter, de la manière la plus
pressante, les administrations municipales à
satisfaire à l'obligation qui leur est imposée par
l'article 52 de la loi du 16 septembre 1807, de
faire dresser et approuver les plans généraux
d'alignement des villes. Je n'ai pas besoin de
faire observer que cette mesure, qui seule assure
quelque fixité aux alignements, est une garantie indispensable pour les propriétaires et pour
les villes elles-mêmes, qui autrement se trouvent souvent exposées à revenir sur des alignements mal étudiés, et qui perdent ainsi le fruit
des dépenses qu'elles ont pu faire pour des acquisitions devenues inutiles.

» Aussi, je ne dois pas vous laisser ignorer que,
par plusieurs avis récents, le comité de l'intérieur a repoussé les acquisitions ou cessions
d'immeubles projetées par les villes, dans le
but de percements de rues nouvelles ou de rec-
tifications d'alignements, jusqu'à ce que les administrations municipales eussent justifié de
l'approbation régulière des plans, soit généraux,
soit partiels.

4

» Cette jurisprudence n'est, au surplus, que l'application de l'avis du Conseil d'État du 3 septembre 1811, qui a été inséré au *Bulletin des lois*, et qui contient les dispositions suivantes :
« Le Conseil considérant que, conformément à
» l'art. 52 de la loi du 16 septembre 1807, le
» Conseil de Sa Majesté ne peut autoriser des
» acquisitions pour l'ouverture de nouvelles
» rues, pour l'élargissement des anciennes, ou
» pour tout autre objet d'utilité publique, que
» pour les Communes dont les projets de plans
» auront été arrêtés en Conseil d'État;

   » Est d'avis que monsieur le Ministre de l'In-
» térieur soit invité, avant de proposer à Sa Ma-
» jesté un projet d'acquisition de maisons ou de
» terrains nécessaires à l'embellissement ou à l'u-
» tilité, soit de la ville de Paris, soit de toute autre
» ville ou Commune de l'empire, à faire précé-
» der cette demande, soit du plan des aligne-
» ments déjà arrêtés légalement, s'il y en a, soit
» d'un projet de plan d'alignement, pour ledit
» plan être arrêté en Conseil d'État, en exécution
» de l'art. 52 de la loi du 16 septembre 1807. »

   » D'après cet avis, vous devez donc, monsieur le Préfet, ne plus soumettre des projets d'acqui-sition ou d'aliénation relatifs à des alignements, sans avoir fait préalablement statuer sur l'ap-probation des plans généraux, ou du moins des plans partiels des quartiers ou des rues compris dans les projets.

» Je vous invite, monsieur le Préfet, à donner connaissance des dispositions de la présente circulaire aux administrations locales de votre département qu'elle concerne, et de m'en accuser réception. »

Instruction du Ministre des Finances sur le Recouvrement et sur la Comptabilité des Prestations en nature et en argent, et des Impositions locales établies pour l'entretien des Chemins vicinaux.

Il importe de considérer d'abord que, sous le rapport du recouvrement, ces produits se partagent en deux classes :

1°. L'imposition des cinq centimes additionnels et les autres contributions extraordinaires dont les rôles sont établis par la direction des contributions ;

2°. Les prestations, subventions et indemnités, qui sont recouvrées sur des rôles, actes et autres titres de recettes établis par les autorités locales.

Des Impositions additionnelles et extraordinaires.

Les produits de la première classe sont assi-

milés en tout point aux contributions directes ;
ils sont compris dans les rôles dont les receveurs
des finances prennent charge dans leur comptabilité ; les percepteurs doivent en suivre la rentrée selon le même mode, et leur en tenir compte,
comme des autres impositions locales, au moyen
de *déclarations de retenues.*

Des Prestations, Subventions et Indemnités.

Quant au produit de la deuxième classe, notamment les *prestations en nature rachetables en
argent*, il a été adopté, dans plusieurs départements, des dispositions qu'il convient de rendre
générales, et qui reposent sur les bases ci-
après :

Art. 1er. A la réception des rôles de prestation , le percepteur adressera à chaque contribuable y dénommé, un *avertissement* destiné à lui
faire connaître le nombre de journées de travail
qu'il est tenu de fournir, ainsi que l'évaluation
des journées en argent.

Art. 2. Dans le délai d'un mois après la remise
de ces avertissements, les contribuables doivent
déclarer au Maire de leur Commune s'ils veulent payer leur prestation en nature ou en argent. Le Maire donne avis de ces déclarations
au percepteur, pour qu'il en prenne note dans
la colonne du rôle à ce destinée. Il est même

nécessaire que les percepteurs prêtent eux-
mêmes leur concours aux Maires pour ces déclarations, et qu'ils se concertent avec ces fonctionnaires ou leurs adjoints, pour que les déclarations
soient reçues au bureau du percepteur.

Art. 3. Dans la quinzaine qui suivra l'expiration du délai fixé pour les déclarations, un relevé des rôles, comprenant les cotes payables en
nature, signé du Maire et certifié par le percepteur, est remis aux commissaires chargés de la
surveillance des travaux, qui doivent l'émarger
au fur et à mesure de l'acquittement des prestations.

Art. 4. Sur le vu de cet état émargé, et après
les vérifications jugées utiles, le Maire délivre
à chacun des contribuables un *certificat de libération*, que le contribuable doit présenter au
percepteur.

Art. 5. Le percepteur, en recevant les certificats de libération, émarge ces versements sur
le rôle même des prestations, et délivre à chaque
contribuable une quittance de son livre à souche.

Art. 6. Le percepteur émarge également sur
le rôle de prestation les sommes qui lui sont
versées à titre de cotes payables en argent, et
délivre aux parties versantes des quittances dé-
tachées de son registre à souche.

Art. 7. Le recouvrement des prestations de

chaque exercice, soit en nature, soit en argent, doit, conformément à la loi du 28 juillet 1824, être terminé dans le cours des deux années accordées par l'ordonnance royale du 23 avril 1823, pour opérer les recettes municipales.

Art. 8. Les poursuites à exercer pour ce recouvrement doivent, ainsi qu'on l'a dit ci-dessus, être faites selon le mode en vigueur pour les contributions directes, et sous la surveillance des receveurs particuliers des finances. Toutefois, comme il s'agit de produits communaux dont le mode de perception est particulièrement confié aux soins de l'autorité administrative, il est nécessaire que ces poursuites soient concertées avec les Maires.

En conséquence, lorsque les percepteurs sont dans le cas d'exercer des poursuites de cette nature, ils remettent au Maire de chaque Commune une liste des contribuables en retard, indicative de la somme due par chacun d'eux, soit en argent, soit en journées de travail, et demandent à ce fonctionnaire l'autorisation de poursuivre par voie de garnison collective. Le Maire, après avoir engagé les contribuables à se libérer sans frais, donne, s'il y a lieu, son autorisation de poursuivre au bas de l'état, et cet état ainsi approuvé est soumis au Sous-Préfet, pour être déclaré exécutoire comme en matière de contributions directes, avant que le percepteur commence les poursuites.

Les percepteurs doivent suivre la même marche pour les poursuites d'un plus haut degré, si elles deviennent nécessaires.

Les états de frais à payer à l'agent des poursuites, doivent être visés par le Maire ou son adjoint, et être arrêtés par le Sous-Préfet avant paiement.

Art. 9. Lorsque les rôles de prestation des cotes dont le recouvrement ne peut être effectué par les percepteurs à cause de l'insolvabilité des débiteurs, ou pour toute autre cause légitime, les percepteurs doivent, comme pour les contributions directes, présenter des états de ces cotes irrécouvrables, par nature de contribution et par Commune. Ces états, certifiés par les percepteurs et par les Maires, en exprimant les motifs qui se sont opposés au recouvremet, doivent être remis à la préfecture dans les premiers mois de la deuxième année de chaque exercice.

Art. 10. Les subventions et indemnités réglées en vertu des art. 7 et 8 de la loi du 28 juillet 1824, n'étant prononcées qu'après des expertises contradictoires, le paiement consenti ne doit jamais éprouver de retard. Si cependant il s'élevait des difficultés, il devrait en être référé au Préfet.

Comptabilité des divers produits affectés aux chemins vicinaux.

Ainsi qu'on l'a dit plus haut, les produits affectés à la réparation des chemins vicinaux sont perçus :

Les uns en vertu des rôles dressés par l'administration des contributions directes ;

Les autres en vertu des rôles et des autres actes émanés de l'autorité locale.

Conformément aux instructions qui régissent la comptabilité des percepteurs, notamment celles des 8 avril 1820 et 18 septembre 1825, *toutes les impositions locales dont les rôles sont dressés par la direction des contributions directes*, doivent, quelle qu'en soit la nature et la destination, être enregistrées sur le livre à souche, dans les colonnes des *contributions directes;* mais elles ne sont pas versées aux receveurs des finances : les percepteurs en feront la retenue pour les employer aux dépenses municipales qui ont motivé les impositions, et ces *retenues* forment, à l'époque où les *déclarations* en sont admises par les receveurs des finances, une recette pour le service des Communes, que les percepteurs-receveurs municipaux doivent constater en se délivrant à eux-mêmes une quittance détachée de leur livre à *souche*, et dont le montant est alors porté dans la colonne des *produits divers*.

Quant aux recettes effectuées par les percepteurs sur les rôles ou titres établis par l'autorité locale, elles sont enregistrées, au moment même où elles ont lieu, dans la colonne des produits divers, sur le livre à souche.

Ces règles doivent être suivies en tout point pour l'enregistrement et la délivrance des quittances des produits affectés aux chemins vicinaux.

En ce qui concerne les écritures que ces recettes et dépenses y relatives motivent de la part des percepteurs en qualité de receveurs municipaux, comme la loi et les instructions prescrites exigent qu'il soit compté d'une manière distincte et spéciale de chaque produit, ainsi que des dépenses auxquelles il est employé, les percepteurs-receveurs municipaux doivent tenir, au nom de chaque commune et par exercice, un livre de détail spécial.

Ce livre contient des colonnes pour constater chaque nature de recette et de dépense, présente aussi d'une manière distincte les frais de poursuite relatifs à ces recettes, et les remboursements de ces frais.

Les percepteurs suivront d'ailleurs, pour l'enregistrement des recettes et des dépenses sur ce

4.

livre, et pour le rapport des opérations sur un livre de comptes généraux par service (ou livre de comptes journaux), la méthode qui leur est prescrite pour les autres opérations du service municipal.

En conséquence, au fur et à mesure que les percepteurs, en leur qualité de receveurs municipaux, ont effectué une recette, soit en numéraire, soit en certificat de libération, soit en déclaration de retenue, et que, d'après les dispositions rappelées ci-dessus, ils ont détaché du livre à souche la quittance à délivrer à la partie versante, ils portent leurs recettes dans la colonne du livre de détail à laquelle elles sont destinées et s'appliquent par leur nature.

A l'égard de la portion de recette présentée par des certificats constatant la libération pour travaux exécutés, ces certificats expriment non-seulement la recette faite à la charge des contribuables, mais encore le service fait pour la réparation des chemins, et sont, pour ce dernier motif, portés au même instant en dépense dans la colonne du livre de détail à laquelle ils sont destinés.

Les paiements que le percepteur-receveur municipal effectue en numéraire pour la réparation des chemins vicinaux en vertu des mandats délivrés, avec désignation spéciale, sur chacun des crédits ouverts à ses dépenses, sont également constatés par les comptables, dans les diverses colonnes de la dépense.

Il en est de même des sommes allouées au percepteur, pour ses remises des frais de confection du rôle de prestation et des *avertissements* aux *contribuables*, ainsi que du montant des *non-valeurs.*

A la fin de chaque jour, le percepteur forme, sur le livre de détail, les additions de chacune des colonnes qui le composent, et transporte la somme totale de la dépense au compte général qui est ouvert à la Commune, dans le livre des comptes journaux.

Ces résultats sont ensuite consignés sur le livre récapitulatif, de la manière prescrite pour les autres produits divers.

DÉCISIONS MINISTÉRIELLES.

Chemins vicinaux. — Prestations en nature. — Questions diverses.

1°. *Les ecclésiastiques peuvent-ils être affranchis de l'obligation d'acquitter la prestation en nature?*

Décision du Ministre de l'Intérieur (15 février 1837).

« La loi du 21 mai 1836 n'a établi, pour l'assiette de la prestation en nature, d'autre excep-

tion que celles résultant de l'âge ou de la validité. Quels que soient les motifs de convenance
qui peuvent faire désirer que les ecclésiastiques
soient dispensés de cet impôt, cette exception
ne peut évidemment pas être réclamée comme
un droit. Toutefois, partout où les commissaires
de répartition jugeront convenable d'affranchir
les ecclésiatiques de la prestation en nature, l'administration supérieure n'aura, ce semble, aucun motif pour s'opposer à cette dispense. »

2°. *Que pourra-t-on faire des chevaux de selle
ou de luxe, si le propriétaire les amène sur le chemin, sans harnais ni équipage convenables aux
travaux, puisqu'ils n'en ont pas d'autre que la selle
et la bride?*

Décision du Ministre de l'Intérieur (15 février 1837).

« Il est probable que le propriétaire d'un
cheval de selle ou de luxe préfère acquitter en
argent la cote représentant les journées dues
pour ce cheval. Si pourtant ce propriétaire voulait acquitter la prestation en nature, il faudrait
aviser à employer le cheval de selle comme bête
de somme. »

3°. *Quel usage pourrait-on faire de voitures de*

luxe dont le propriétaire déclarerait qu'il veut ac-
quitter en nature les journées dues pour cet objet?

Décision du Ministre de l'Intérieur (15 février 1837).

« On peut appliquer à cette question la réponse faite à la précédente. Il est difficile de
croire qu'un propriétaire de voitures de luxe
ait sérieusement l'intention de les envoyer sur
les ateliers de prestation. Si cependant cela arrivait, il n'y aurait qu'un parti à prendre : ce
serait, après un avis qui serait donné à l'amiable, d'employer le cabriolet ou la calèche à
transporter de la terre et des pierres. Cette interprétation de la loi serait parfaitement légale,
et ce qu'elle pourrait présenter de rigoureux ne
devrait être attribué qu'à la mauvaise volonté
du prestataire, qui aurait préféré sacrifier un
objet de grande valeur, plutôt que de s'acquitter
d'une obligation qui tombe également sur les
citoyens les moins aisés de la Commune. »

4°. *Les maîtres de postes ont-ils le droit de de-*
mander à être affranchis de la prestation en nature
pour ceux de leurs chevaux qui sont habituelle-
ment occupés au service des relais?

Décision du Ministre de l'Intérieur (28 février 1837).

« Cette question doit être résolue négative-

ment, d'après le texte même de la loi du 21 mai
1836. L'art. 3 de cette loi, nombre 2, assujettit
à la prestation en nature chacune des bêtes de
somme ou de trait au service de la famille ou
de l'établissement dans la Commune. Aucune
exception n'est faite pour les chevaux employés
au service des relais. Pour donner ouverture à
la contribution, il suffit qu'ils servent à la famille ou à l'établissement dans la Commune.
En présence d'un texte aussi formel, on ne voit
pas comment l'administration pourrait créer des
exceptions fondées sur des distinctions que la
loi n'a pas faites. »

5°. *Des habitants passibles de la prestation en
nature, et dont les noms auraient été oubliés dans
l'état-matrice des rôles, pourraient-ils être compris
dans un rôle supplémentaire?*

Décision du Ministre de l'Intérieur (28 février 1837).

« En thèse générale, la prestation en nature
pouvant être regardée comme un impôt de quotité, tout imposable omis dans le rôle primitif,
peut, si le Maire et les répartiteurs en font la
demande, être repris sur un rôle supplémentaire; mais ce rôle supplémentaire ne peut évidemment être établi que sur des individus qui
étaient réellement imposables au moment du re-

censement, et qui auraient été imposés s'ils n'a-
vaient été omis. Cette mesure ne saurait donc
s'appliquer à ceux qui viendraient s'établir dans
la Commune dans le courant de l'année, à moins
qu'ils n'y fussent venus assez tôt pour être imposables à la contribution personnelle, mobilière,
et à la patente. »

6°. *En votant trois journées de travail pour le
service des chemins vicinaux en exécution de l'art.
3 de la loi du 21 mai 1836, un Conseil municipal
peut-il exempter les animaux de trait ou de somme
et les voitures? En d'autres termes, les deux sortes
de prestation spécifiées dans l'art. 3 peuvent-elles
être divisés, de telle sorte qu'il soit facultatif aux
Conseils municipaux de n'imposer que l'un des deux,
ou les voter l'une et l'autre coucurremment?*

Décision du Ministre de l'Intérieur (28 février 1837).

« Cette question ne peut être résolue que
négativement, si l'on s'en réfère à l'art. 3 de la
loi du 21 mai 1836, et il y aurait un grand inconvénient à se départir d'une règle tracée par
la loi. Si, en effet, il était loisible à un Conseil municipal de ne faire porter la prestation que sur
l'une des bases données par la loi à cette imposition, il s'ensuivrait que le Conseil municipal
pourrait, selon l'intérêt personnel de ses mem-

bres, appeler tantôt les journaliers, tantôt les propriétaires et fermiers, à fournir les prestations relatives aux chemins vicinaux. L'administration ne peut tolérer la reconnaissance d'un principe qui entraînerait de telles conséquences, et il importe au contraire que, conformément au texte et à l'esprit de l'art. 3 de la loi du 21 mai 1836, il soit bien reconnu que lorsqu'un Conseil municipal vote trois journées de prestation, elles doivent atteindre également les individus mâles imposables, les charrettes, et les bêtes de trait et de somme. Du reste, tout en maintenant le principe, rien ne s'oppose à ce que les Maires donnent quittance des journées dues pour les chevaux, mulets, ânes, etc., et voitures, lorsque l'acquittement de ces prestations leur paraîtrait sans objet par suite de circonstances locales. »

7°. *Les entrepreneurs de diligences doivent-ils la prestation pour ceux de leurs chevaux qu'ils emploient au service de leurs voitures?*

« Oui, puisqu'ils ne se servent de leurs chevaux que pour les besoins d'une exploitation industrielle toute d'intérêt privé. » (Décision du Ministre de l'Intérieur, du 10 mars 1837.)

8°. *Dans quel délai doivent être consommées les*

prestations en nature pour la réparation des che-
mins vicinaux?

Décision du Ministre de l'Intérieur (21 mars 1837).

« Suivant l'instruction générale du 24 juin 1836, les cotes acquittables en nature doivent être consommées, sinon dans l'année pour laquelle elles ont été votées, au moins dans les délais fixés pour la clôture de l'exercice auquel ces prestations se rattachent : ainsi, les délais accordés pour l'accomplissement des prestations en nature, ne peuvent s'étendre au-delà du jour fixé pour la clôture des exercices, c'est-à-dire du 31 mars de la seconde année, pour les Communes dont les comptes sont réglés par le Préfet ou par le Ministre, et du 20 juin de la même année, pour celles dont les comptes sont appurés par la Cour des Comptes. »

9°. *Lorsqu'un habitant imposé à la prestation en nature, comme fermier, est sorti de la Commune avant la fin de l'année, sans avoir été mis en demeure de se libérer, est-il tenu d'acquitter les prestations auxquelles il est imposé, ou bien cette charge retombe-t-elle sur l'habitant qui le remplace dans son exploitation?*

Décision du Ministre de l'Intérieur (21 mars 1837).

« La prestation en nature est un impôt de

quotité, qui, d'après la loi, doit peser sur tous ceux qui sont portés aux rôles des contributions directes : il suit de là, 1º que tout habitant imposable au moment du recensement, doit figurer sur le rôle de prestation ; 2º qu'on doit considérer comme affranchis de la prestation tous ceux qui sont venus s'établir dans la Commune après la confection des rôles. Ainsi, lorsqu'un individu a été imposé à la prestation en nature pour sa personne et pour ses moyens d'exploitation en qualité de fermier, peu importe qu'il abandonne la ferme dans le courant de l'année, et qu'il n'ait pas, avant son départ, été mis en demeure de s'acquitter; il n'en est pas moins redevable des journées auxquelles il a été taxé. Quant à son remplaçant dans la ferme, il n'y a point à s'occuper de lui, puisqu'il n'est point porté aux rôles des contributions directes, et qu'à ce titre, il n'est point tenu de payer de prestation. »

10º. *Quel parti pourra-t-on tirer des journées de charrois qui excèderont les besoins du service? Ne pourrait-on pas obliger les propriétaires de ces charrois à acquitter leurs cotisations en argent ou de toute autre manière?*

Décision du Ministre de l'Intérieur (2 mai 1837).

« Aux termes de l'article 3 de la loi du 21

mai 1836, tout habitant peut être imposé à trois journées de travail pour chacune de ses charrettes ou voitures attelées. Aux termes de l'article 4, il peut acquitter sa prestation en nature ou en argent, à son choix. Lorsqu'il a opté pour s'acquitter en nature, et qu'il met ses charrettes à la disposition de l'administration pendant trois journées, le contribuable a rempli les obligations que la loi impose. Ceci n'a rien de contradictoire avec ce qui a été établi à l'occasion de la question précédente ; car ici le prestataire offre de faire marcher ses charrettes pendant trois jours ; seulement, il demande qu'on lui fasse connaître sur quel point il doit les faire travailler, tandis que, dans le cas précédent, le prestataire ne mettrait ses charrettes à la disposition de l'administration, qu'en laissant à cette dernière le soin de les faire marcher, ce qui est bien différent. C'est à l'administration à utiliser les moyens de transport, pour le plus grand intérêt des travaux auxquels ils sont affectés par la loi. Si l'administration ne peut les employer, le contribuable se trouvera libéré par le fait ; car on ne peut le contraindre à s'acquitter en argent, puisqu'il lui est loisible, en vertu de la loi, de s'acquitter en nature. On ne peut davantage le forcer à fournir des journées d'hommes, par exemple, car on n'a droit de demander à un contribuable que ce pour quoi il est porté au rôle des prestations, et ce sont des journées de charrois qu'il doit. Il ÿ aura, dans cette circonstance, perte d'une partie des ressources sur lesquelles l'administration pouvait compter : c'est une chose fâcheuse, sans doute, mais il faut, avant tout, rester dans la légalité (1). »

11°. *Comment pourra-t-on utiliser les journées de prestation dues par un cheval ou une charrette, lorsque le propriétaire sera lui-même exempté de prestations par son âge, et que cependant il aura déclaré vouloir se libérer en nature pour les moyens de transport?*

Décision du Ministre de l'Intérieur (15 juin 1837).

« Avant de répondre à cette question spéciale, il importe de bien poser un principe général : c'est que, lorsque la loi impose à un citoyen une obligation quelconque, c'est à ce citoyen d'avi-

---

(1) Cette perte pourrait se réparer, en employant les charrettes inutiles aux réparations des chemins vicinaux pendant l'année, à transporter des matériaux sur ceux qui seraient réparés l'année suivante.

ser au moyen de remplir cette obligation. L'administration peut lui en faciliter l'exécution,
sans doute, mais elle n'y est pas tenue de telle
sorte que, si elle ne le faisait pas, le citoyen pût
se prétendre libéré de son obligation. Ainsi, par
exemple, un contribuable est porté au rôle des
contributions directes pour une somme de..,....;
il ne serait pas admis à dire qu'il n'a que des
denrées, et à prétendre que le percepteur lui
fasse connaître comment il convertira ses denrées en argent. Il est porté au rôle, il faut qu'il
trouve le moyen de payer, s'il n'est valablement déchargé. Ce principe s'applique, dans
toute sa force, à la question posée. Un contribuable âgé de plus de soixante ans ou de moins
de dix-huit ans, peut incontestablement opter
pour la libération en nature ou en argent ; mais
s'il a opté pour la prestation en nature, il n'est
pas admis à prétendre que le Maire doit trouver
un conducteur pour sa voiture ou ses chevaux,
puisque, d'après son âge, il ne peut le forcer à
les conduire lui-même. Le Maire est en droit de
lui répondre que ce qu'il doit, ce n'est pas de
mettre ses voitures ou ses chevaux à la disposition de l'administration, mais bien des journées
de charrettes et de chevaux, ce qui emporte
nécessairement l'obligation de les faire marcher
ainsi qu'il le jugera le plus convenable à ses

intérêts. S'il ne remplit pas cette obligation dans les délais prescrits, il peut être contraint à payer sa cote en argent. »

Chemins vicinaux. — Époques de la rédaction et publication des Rôles. — Modification.

(Circulaire ministérielle du 13 juin 1838.)

« MONSIEUR LE PRÉFET,

» Aux termes de l'instruction du 24 juin 1838, et de la circulaire du 12 septembre suivant, les rôles de prestations en nature doivent être publiés dans les Communes en même temps que les rôles des contributions directes, c'est-à-dire dans les premiers jours de janvier. C'est à la même époque que doit être faite la remise aux contribuables des avertissements qui les concernent, et du moment de la publication seulement date le délai d'un mois accordé aux contribuables pour déclarer s'ils entendent se libérer en argent ou en nature.

» L'expérience a fait reconnaître qu'il résultait de l'indication de l'époque de janvier pour la publication des rôles, des difficultés qui retardaient d'une manière nuisible au service l'ouverture des travaux de prestation. En effet, après l'expiration du mois de délai accordé pour l'option des contribuables, le registre des déclarations doit être transmis au percepteur-receveur municipal, qui rédige alors un relevé détaillé des cotes acquittables en nature, et ce travail est assez long. Quelques autres écritures doivent ensuite être faites dans les Mairies, et l'ouverture des travaux de prestation doit être annoncée une quinzaine de jours à l'avance. De la combinaison de ces détails successifs, il résulte que tout le mois de février, et souvent même la plus grande partie du mois de mars, s'écoulent sans qu'on ait pu commencer à consommer les prestations votées pour l'année; et pourtant ces deux mois pourraient être utilement employés dans un assez grand nombre de départements.

» Une autre difficulté résulte encore de cet état de choses; c'est qu'il est des départements où, chaque année, il est une assez grande masse de prestations qui, n'ayant pu être employées dans l'année, sont reportées à l'année suivante, ce qui occasione des inconvénients de plus d'une espèce.

» Je me suis concerté avec mon collègue, monsieur le Ministre des Finances, pour recher-

cher comment pouvaient être levées ces difficultés, et il a été reconnu que le meilleur moyen à
employer était d'avancer de deux mois l'époque
de la publication des rôles de prestations, ce
que la marche des travaux des directions des
contributions directes rend parfaitement possible.

» Les contrôleurs des contributions directes
commencent la tournée annuelle des mutations
au mois de mai, et la terminent ordinairement
au mois de septembre. Dans le cours de cette
tournée, ils revisent les états-matrices des prestations en nature, et opèrent, de concert avec
les répartiteurs, les radiations et les inscriptions
nécessitées par les changements survenus, tant
parmi les redevables, que dans le nombre et la
nature des objets passibles de la prestation. A
mesure que leur travail est terminé dans un
arrondissement de perception, ils renvoient les
états-matrices à la direction, qui se trouve donc
de très-bonne heure en possession de cette base
du travail de rédaction des rôles.

» D'un autre côté, c'est dans la cession de
mai que les Conseils municipaux doivent voter
la prestation pour l'année suivante, et rien
n'empêche que vous preniez des mesures pour
que, dans le courant de la seconde quinzaine de
mai, ou au plus tard dans les premiers jours de

juin, toutes les délibérations soient parvenues
entre vos mains. Vous pouvez en faire l'examen
immédiatement, et transmettre successivement,
et sans délai, celles qui sont régulières, à monsieur le directeur des contributions directes, qui
pourra faire commencer aussitôt la rédaction des
rôles.

» A la vérité, il ne pourra pas être procédé
d'une manière aussi rapide pour les prestations
en nature qui devront être imposées d'office,
puisque, la plupart du temps, il faut mettre les
Conseils municipaux en demeure, par un arrêté
spécial ; mais, outre que ce ne sont là que des
cas exceptionnels, il dépend toujours de vous
de hâter les mesures préparatoires des impositions d'office, et vos arrêtés peuvent certainement être envoyés à monsieur le directeur dans
le courant d'août, ou au plus tard dans les premiers jours de septembre.

» En conséquence, des instructions sont données par monsieur le Ministre des Finances aux
directeurs des contributions directes, pour qu'ils
rédigent les rôles de prestation de manière à ce
qu'ils vous soient tous remis avant la fin d'octobre. Vous les revêtirez immédiatement de votre exécutoire, et vous les enverrez aussitôt
dans les Communes, en prescrivant aux Maires
de les faire publier dans les premiers jours de

5

novembre. Deux mois se trouveront ainsi gagnés pour l'accomplissement des formalités administratives préparatoires, et les travaux de prestation pourront commencer dès le mois de janvier et de février, dans les départements où les circonstances locales le rendent possible.

» Cette modification vous permettra, monsieur le Préfet, de veiller avec plus de sévérité à ce que, comme le prescrit l'instruction du 24 juin 1836, toutes les prestations en nature soient consommées dans le cours de l'année pour laquelle elles ont été votées. Je vous engage à ne pas perdre de vue cette disposition importante, et à en recommander constamment le maintien dans vos instructions aux Maires. »

Chemins vicinaux. — Prestations. — Mutations antérieures au 1er janvier; conséquence. — Mutations pendant le cours de l'année, mais avant paiement; conséquence.

(Circulaire du 14 juin 1838.)

« MONSIEUR LE PRÉFET,

» J'ai été consulté sur deux questions relatives au recouvrement des rôles de prestations

en nature, et qui m'ont paru de nature à se
présenter dans presque tous les départements.
Je crois donc devoir porter à votre connaissance
la solution dont elles m'ont paru susceptibles.
Toutefois, en faisant connaître mon opinion sur
ces questions, je dois vous rappeler, ainsi que
j'ai eu occasion de le faire plusieurs fois, que
c'est aux Conseils de préfecture qu'il appartient
de statuer sur toutes les difficultés qui ont pour
objet le recouvrement de la prestation en nature, puisque cette imposition est assimilée par
la loi aux contributions directes. Ce n'est donc
qu'à titre d'indication que l'administration peut
intervenir dans l'examen de ces difficultés.

» 1º. Des fermiers ou des colons partiaires
habitaient la Commune A au mois de mai 1837,
époque à laquelle a eu lieu la rédaction ou la
révision de l'état-matrice ; ils ont donc été compris ou maintenus sur cet état, et ensuite imposés au rôle de 1838. Par suite de fin de bail,
ils ont, avant le 1er janvier 1838, quitté la
Commune A, et ont été se fixer dans la Commune B : on a demandé ce qui devait être décidé relativement à leurs cotes au rôle de la
Commune A.

» 2º. Des fermiers ou des colons partiaires
établis dans la Commune A en 1837, et imposés
au rôle de prestation pour 1838, ont quitté cette

Commune dans le cours de 1838, avant d'avoir acquitté leurs cotes : on a demandé quel était le parti à prendre relativement à ces cotes.

» Avant de répondre à la première de ces deux questions, je dois, monsieur le Préfet, vous faire remarquer que, pour que les rôles puissent être mis en recouvrement au 1er janvier de chaque année, il faut nécessairement en recueillir les éléments et en terminer la rédaction dans le cours de l'année antérieure. Quelle que soit l'époque à laquelle s'exécutent les travaux préparatoires, il survient toujours, entre cette époque et le 1er janvier, des changements dont il est impossible de tenir compte autrement que par la voie des dégrèvements accordés sur la réclamation des parties intéressées.

» D'un autre côté, lors même que les rôles seraient, au 1er janvier, conformes au véritable état de choses, il y a encore des taxes qui deviennent irrécouvrables par suite de décès, de changements de domicile, de perte ou d'abandon des établissements agricoles ou industriels : c'est là un inconvénient inévitable, et qui tient à la nature même des choses ; mais, de même qu'en matière de contributions directes, il y a, en fin d'exercice, des cotes ou des parties de cotes perdues pour le trésor ou couvertes par les fonds de non-valeurs, de même les Com-

munes ne doivent pas compter toujours sur la
rentrée intégrale des rôles de prestations en nature : aussi les percepteurs ont-ils été autorisés
à présenter pour ces prestations, comme pour
les contributions directes, des états de cotes indûment imposées et des états de cotes irrécouvrables. Une circulaire de monsieur le Ministre
des Finances, en date du 17 mars 1837, vous a
indiqué la forme et l'imputation des ordonnances de dégrèvement à délivrer.

» Faisons l'application de ces principes à la
première question posée plus haut.

» Aux termes de l'article 3 de la loi du 21
mai 1836, on n'est passible de la prestation
qu'autant qu'on est *habitant*, chef de famille ou
d'établissement à titre de propriétaire, de régisseur, de fermier ou de colon partiaire, et
porté au rôle des contributions directes.

» Les contribuables qui, étant, en 1837, habitants de la Commune A, ont été, à ce titre,
portés au rôle de prestation préparé pour 1838,
mais qui, avant le 1er janvier 1838, ont quitté la
Commune A pour aller résider ailleurs, ces individus, dis-je, doivent être considérés comme
ayant été indûment imposés dans la Commune
A, et on ne peut refuser la décharge des taxes
qui leur ont été assignées dans le rôle.

» Rien n'empêcherait, d'ailleurs, qu'au mo-

ment de la vérification des demandes qui auront été présentées, soit par ces contribuables,
soit par les percepteurs, on n'examinât s'ils
n'auraient pas été remplacés par d'autres qui
pourraient être tenus d'acquitter en totalité ou
en partie les taxes établies en raison des moyens
d'exploitation par eux employés; et cela paraîtrait être particulièrement le cas pour les colons partiaires. En effet, les fermiers, dans l'ac-
ception ordinaire de ce mot, sont en général
propriétaires des animaux et du matériel d'exploitation; lors donc qu'ils quittent une ferme
et par suite une Commune, ce matériel dispa-
raît avec leur personne, et la valeur imposable
a cessé d'exister dans la Commune où elle était
imposée. Les colons partiaires, au contraire,
dans la signification ordinaire de ce mot, ne
sont propriétaires d'aucune partie du matériel
d'exploitation. Lorsqu'ils quittent une ferme,
ce matériel reste à la ferme; il passe seulement
aux mains d'un autre colon partiaire, et dès
lors il paraîtrait y avoir lieu de mettre à la
charge de ce nouvel occupant la taxe qui était
assise sur ce matériel. Ce serait là une manière
de procéder analogue à ce qui se pratique, en
cas de mutation ou de division de cotes, en matière de contributions directes. Il est entendu,
toutefois, que cette mutation ne s'étendrait pas

jusqu'à la personne du nouveau colon partiaire ; pour l'atteindre, il faudrait qu'il fût rédigé un rôle supplémentaire, et outre que la chose en vaudrait rarement la peine, il en résulterait un double emploi toutes les fois que le nouveau colon partiaire aurait été déjà imposé ailleurs pour sa personne, ce qui exciterait des réclamations qu'il importe de prévenir.

» Je passe à la seconde question relative aux prestataires qui, dûment imposés au rôle de la Commune A, rédigé en 1837 pour 1838, ont quitté cette Commune en 1838, avant d'avoir acquitté leurs cotes de prestation.

» Dans ce cas et en principe, la taxe est due ; mais il vous appartient, monsieur le Préfet, de faire constater si le changement de position a été volontaire ou forcé, et d'ordonner, suivant les circonstances, soit la continuation des poursuites, soit l'allocation en non-valeur, selon que le redevable est ou n'est pas en état de se libérer.

» Telles sont, monsieur le Préfet, les explications dont me paraissent susceptibles les questions qui m'ont été soumises. »

Acquisitions pour Alignement. — Acte notarié. — Timbre et Enregistrement. — Purge des Hypothèques.

(Instructions de M. le Ministre de l'Intérieur, du 21 juin 1838, à M. le Préfet de Saône-et-Loire.)

« MONSIEUR LE PRÉFET,

» Vous demandez : 1º Si, lorsque les villes ont des indemnités à payer aux propriétaires qui cèdent des terrains à la voie publique, pour cause d'alignement, les actes de vente peuvent, par application des articles 56 et 58 de la loi du 7 juillet 1833, et pour éviter les frais qu'entraîne l'intervention d'un notaire, être rédigés dans la forme des actes administratifs, alors même qu'il n'y a point expropriation pour cause d'utilité publique ;

» 2º. Si les actes qui seraient passés ainsi jouiraient du bénéfice de l'art. 58 précité, c'est-à-dire s'ils pourraient n'être que visés pour timbre et enregistrés *gratis ;*

» 3º. Si l'on pourrait appliquer aux immeubles acquis de cette manière, les dispositions des articles 16 et 17 de la loi du 7 juillet 1833, relatives à la purge des privilèges et hypothèques.

» Sur la première question, je dois vous faire observer qu'aucune disposition de loi spéciale ou de règlement d'administration publique n'ayant rendu indispensable le ministère d'un notaire pour valider les actes d'acquisition faits par les Communes, celles-ci ont la faculté de contracter, par un acte sous seings privés, après y avoir été autorisées, soit par une ordonnance royale, soit par le Préfet en Conseil de préfecture, suivant que la valeur de l'immeuble dépasse ou n'excède pas la somme de 3,000 fr., ou 20,000 francs, s'il s'agit d'une Commune dont le budget est réglé par le Roi. J'ajouterai que, dans le cas où l'acquisition a lieu par suite d'une demande d'alignement faite par un propriétaire riverain, et pour l'exécution d'un plan approuvé par le Gouvernement, aucune autorisation n'est nécessaire, d'après le principe de distinction rappelé dans la circulaire de l'un de mes prédécesseurs, du 23 janvier 1836.

» Quant aux deux autres questions, la négative ne saurait être douteuse pour le cas où l'acquisition a lieu à l'amiable. Et, en effet, la loi du 7 juillet 1833 étant une loi spéciale, qui règle les formes à suivre en matière d'expropriation pour cause d'utilité publique, les dispositions n'en peuvent être étendues aux acquisitions ordinaires. Ces dernières demeurent donc

soumises au droit commun, sauf les exceptions
dont elles pourraient être susceptibles, en matière d'alignement, par application des dispositions de la loi du 16 septembre 1807. »

*Chemins vicinaux. — Terrains acquis.
— Purge des Hypothèques. — Explications nouvelles.*

(Circulaire du 17 juillet 1838.)

« MONSIEUR LE PRÉFET,

» A l'occasion de ma circulaire du 17 décembre 1837, quelques-uns de vos collègues
m'ont demandé d'être autorisés, au moins provisoirement, à ne pas faire accomplir les formalités pour la purge des hypothèques, lorsque
le prix des acquisitions faites par les Communes
ne dépasse pas cent francs.

» A l'appui de cette demande, on fait valoir
que la grande impulsion imprimée en ce moment aux travaux publics, sur toutes les voies
de communication, et principalement sur les
chemins vicinaux, multiplie singulièrement les
cas où ces formalités devraient être remplies ;

et que de leur accomplissement résulteraient des retards préjudiciables aux travaux, et des frais que rendrait considérables le retour continuel de la même dépense. Il est établi, en effet, par des documents statistiques, que, pour le redressement et l'élargissement des chemins vicinaux, les acquisitions volontaires, ou par suite d'expropriation, portent sur des parcelles très-nombreuses, qui, le plus souvent, ont une valeur de quelques francs seulement, et fréquemment de quelques centimes. Enfin, on m'a fait remarquer que, sur les observations de monsieur le Ministre des Travaux publics, de l'Agriculture et du Commerce, monsieur le Ministre des Finances, prenant en considération le développement actuel des travaux de grande voirie, a consenti à ajourner l'exécution de la décision du 24 juillet 1837, en ce qui concerne les acquisitions faites pour le compte de l'État. D'après une instruction du 24 octobre 1837, les formalités de la purge des hypothèques ne seront remplies que pour celles de ces acquisitions dont le prix dépasserait cent francs.

» D'après ces circonstances, monsieur le Préfet, j'ai cru devoir céder au vœu de plusieurs de vos collègues, et autoriser, quant à présent, en ce qui concerne les chemins vicinaux, la dérogation aux règles de la purge des hypothè-

ques admise par monsieur le Ministre des Finances pour les acquisitions faites au compte de
l'État. »

Chemins de grande communication. —
Actions en Justice.

Rapport au Roi. — Ordonnonce royale.
(9 septembre 1838.)

« SIRE,

» Les Conseils généraux ont reçu de l'art. 7
de la loi du 21 mai 1836, le pouvoir de déclarer
de grande communication les chemins vicinaux
qui leur paraissent avoir une certaine importance ; ces Conseils ont en outre le pouvoir de
déterminer la direction de ces chemins, et de
désigner les Communes qui doivent contribuer
à leur établissement ou à leur entretien.

» Mais en recevant la qualification de chemins de grande communication, ces voies publiques ne changent pas de caractère, elles restent chemins vicinaux ; ces chemins continuent
d'appartenir aux Communes sur le territoire
desquelles ils sont situés ; leur construction et

leur entretien sont une charge communale imposée par la loi, pour chaque ligne, à l'agrégation des Communes que le Conseil général a
désignées comme intéressées à cette ligne.

» Le département, il est vrai, peut contribuer
à la construction et à l'entretien de cette classe
de chemins ; mais la loi exprime que c'est seulement à titre de subvention, c'est-à-dire de
secours. Ces subventions sont facultatives ; le
concours du département ne constitue donc pas
une dépense départementale directe.

» Rien, en un mot, dans la loi du 21 mai 1836,
n'autorise à établir que les chemins vicinaux
de grande communication puissent être classés
au rang des propriétés départementales.

» A qui donc appartiennent les actions en
justice qui peuvent intéresser ces voies vicinales ? Aux termes de l'article 4 de la loi du 10
mai 1838, les Conseils généraux ont bien le
droit de délibérer *sur les actions à intenter ou à
soutenir au nom du département ;* mais Votre Majesté sait que les chemins vicinaux de grande
communication n'appartiennent pas aux départements, qu'ils restent propriétés communales.
Les Conseils généraux n'ont donc pas à délibérer sur une action qui ne touche pas à leurs
droits de propriété.

» Dans l'espèce sur laquelle j'appelle l'attention de Votre Majesté, il s'agit d'obtenir l'exécution d'offres de terrains et d'argent, faites par un particulier, pour l'établissement d'un chemin vicinal de grande communication. Aux termes de la loi du 21 mai 1836, c'est le Préfet seul qui a le droit d'accepter ces offres; c'est sous sa seule autorité que sont placés ces chemins; il centralise ainsi, quant à ces chemins, les pouvoirs qui, selon les règles habituelles, devraient être exercés par chacun des Maires des Communes intéressées à la ligne vicinale.

» L'action qui naît du refus d'exécuter les offres faites pour ces chemins, ne cesse pas d'être une action purement communale; et comme les Communes, dans leur état de minorité, ont besoin, pour intenter leurs actions en justice, de l'autorisation du Conseil de préfecture, c'est à lui seul qu'il appartient d'en délibérer.

» Dans l'espèce, le Conseil général du département de l'Indre a formellement autorisé le Préfet à faire les poursuites nécessaires pour l'exécution d'un engagement semblable à celui que j'indiquais tout à l'heure; il a donc, par sa délibération du 26 août dernier, dépassé les limites de ses attributions légales, et j'ai l'honneur de proposer à Votre Majesté d'en prononcer la nullité, par application de l'art. 14 de la loi du 22 juin 1833.

» Si Votre Majesté daigne approuver cette proposition, je la prierai de revêtir de sa signature le projet d'ordonnance ci-joint. »

Je suis avec le plus profond respect,

SIRE,

De Votre Majesté,

Le très-humble et très fidèle serviteur,

Le Pair de France, Président du Conseil, chargé par intérim du département de l'Intérieur,

Signé MOLÉ.

Ordonnance du Roi.

LOUIS-PHILIPPE, etc.

La délibération ci-dessus, visée du Conseil général du département de l'Indre, est et demeure annulée.

La présente ordonnance sera transcrite aux registres des actes du Conseil général.

Signé LOUIS-PHILIPPE.

Chemins vicinaux. — Prestation en na-
ture. — Délai pour l'emploi des Pres-
tations.

(Circul. du Ministre de l'Intér., du 19 nov. 1838.)

« MONSIEUR LE PRÉFET,

» J'ai été consulté plusieurs fois sur la difficulté qu'éprouvait l'administration à faire faire
l'emploi des prestations en nature dans l'année
pour laquelle elles ont été votées, et les questions qui m'ont été adressées à cet égard me
paraîtraient indiquer que, dans certains départements, les prestataires et les Maires eux-
mêmes ont conçu une idée tout-à-fait inexacte
de cette nature de contribution.

» Il semblerait, monsieur le Préfet, que, dans
plus d'une localité, on considère la prestation
en nature comme une espèce de don gratuit,
comme une contribution volontaire, que le
prestataire peut acquitter à l'époque qui lui
convient le mieux, qu'il pourrait même se dispenser d'acquitter si ses travaux ou ses occupations avaient à en souffrir.

» Tel n'est pas, monsieur le Préfet, le caractère de la prestation en nature.

» Le travail que la loi permet de demander aux contribuables, pour la réparation des chemins vicinaux, est une véritable contribution publique ; c'est une dette de l'habitant envers la Commune, dette exigible, non pas à la volonté du prestataire, mais à la réquisition de l'autorité, qui tient de l'art. 21 de la loi du 21 mai 1836, le droit de *fixer les époques auxquelles les prestations devront être faites.*

» Sans doute le Préfet, investi de cette mission par la loi, doit fixer ces époques de manière à nuire le moins possible aux travaux de l'agriculture, et, par suite, à permettre, s'il y a lieu, aux prestataires d'effectuer leurs prestations aux moments où ils ont le plus de loisir ; mais il faut, en définitive, que la réparation des chemins vicinaux ne souffre pas des facilités accordées aux contribuables : il faut que les ressources attribuées à ces chemins par la loi soient employées en temps utile. C'est là, monsieur le Préfet, un principe qui domine toute la question, et qui ne doit pas être perdu de vue.

» On paraît croire aussi, dans quelques départements, que l'année pour laquelle les prestations ont été votées, ou même l'exercice auquel elles appartiennent, sont des limites légales, jusqu'à l'expiration desquelles les contribuables ont la faculté de reculer le temps de libération de leurs prestations en nature, sans que l'administration ait le droit de les mettre en demeure avant l'expiration de l'année ou de l'exercice.

» C'est encore là, monsieur le Préfet, une erreur qu'il importe de détruire.

» Mon instruction du 24 juin 1836 a bien dit, page 38, que les cotes des rôles de prestation acquittables en nature devaient être consommées dans l'année, ou au moins dans le cours de l'exercice auquel ces rôles appartiennent; mais ce n'est là que l'indication de limites extrêmes que les Préfets ne devaient pas dépasser, en fixant, comme le veut l'art. 21 de la loi du 21 mai 1836, les époques auxquelles les prestations doivent être effectuées. Ce sont donc les époques fixées par les Préfets dans leur règlement sur le service des chemins vicinaux, qui sont la véritable *limite légale* pour l'emploi de la prestation en nature, et il est de votre devoir, monsieur le Préfet, de veiller à ce que cette limite ne soit pas dépassée.

» Si, par exemple, dans le département de..., le règlement préfectoral approuvé par moi décide que les prestations en nature doivent être employées avant le 30 septembre de chaque an-

née, le Préfet doit, dès les premiers jours d'octobre, s'assurer, par lui ou par ses délégués, si
effectivement les Maires de toutes les Communes ont fait employer la totalité des prestations. Si quelques Communes étaient en retard,
ce serait le cas, pour le Préfet, d'user du pouvoir que lui donne l'art. 5 de la loi, *lorsque la
Commune n'a pas fait emploi des prestations dans
les délais prescrits.* Le Préfet devrait mettre la
Commune en demeure d'exécuter les prestations dans un dernier délai de..... ; et, en cas de
non-exécution, faire faire les travaux d'office.

» Les formalités à suivre pour cette mise en
demeure sont indiquées dans mon instruction
du 24 juin 1836, page 44 ; je ne puis que vous
engager à vous y reporter. Je ne dois pas prévoir le cas où un Maire refuserait de publier
votre arrêté de mise en demeure, car ce serait
là un cas de refus de l'obéissance due à l'autorité légale, refus à l'égard duquel il serait procédé en vertu d'autres lois que celles sur les
chemins vicinaux, et vous y pourvoiriez. L'article 15 de la loi du 18 juillet 1837 vous donne
d'ailleurs à cet égard des pouvoirs fort étendus.

» J'espère, monsieur le Préfet, que les explications que je viens de donner lèveront tous les
doutes qui auraient pu se manifester sur les limites légales assignées à l'emploi des presta-

tions en nature, et je compte que partout cet emploi sera fait en temps utile. Je vous recommande, de la manière la plus expresse, de veiller constamment à l'exécution de ces disposisions ; elles sont du plus haut intérêt pour le service vicinal, devenu aujourd'hui l'une des branches les plus importantes de votre administration. »

Chemins vicinaux. — Prestation en nature.

(Circul. du Ministre de l'Intér., du 6 décembre 1838.)

« MONSIEUR LE PRÉFET,

» Aux termes de l'art. 5 de la loi du 28 juillet 1824, article que la loi du 21 mai 1836 n'a pas abrogé, le recouvrement des cotes de prestation en nature devenues exigibles en argent, doit être poursuivi comme pour les contributions directes. Attendu la nature toute spéciale de cette imposition, il m'a paru nécessaire de soumettre les poursuites à certaines restrictions, et j'ai dit, dans mon instruction du 24 juin 1836, page 35, que le percepteur ne devrait pas exercer de contraintes sans qu'il en ait été préalablement référé au Préfet.

» Mon collègue, monsieur le Ministre des Finances, tout en reconnaissant la convenance de rendre les poursuites moins sévères en matière de prestation en nature, a cependant pensé que ces poursuites pourraient être trop entravées par la nécessité d'en référer au Préfet, même pour le premier degré, et il lui a paru qu'il serait utile que, conformément au règlement général sur les poursuites en matière de contributions directes, la simple autorisation du Sous-Préfet suffit pour que les contraintes par voie de garnison collective puissent être mises à exécution. Il ajoute que, d'ailleurs, les percepteurs-receveurs municipaux recevront la recommandation d'user de quelques délais avant de commencer les poursuites, et de les faire précéder d'un avertissement *gratis*, ou d'une nouvelle publication dans les Communes.

» Il m'a paru, monsieur le Préfet, que cette modification à mon instruction du 24 juin 1836 pouvait être admise sans inconvénient. La garnison collective est, en effet, un premier degré de poursuite dont les frais sont si peu considérables, qu'ils ne grèvent que bien peu les contribuables ; ce n'est, à proprement parler, qu'une mise en demeure de remplir leurs obligations.

» Vous devrez donc, monsieur le Préfet, regarder dorénavant comme modifié cet article de mon instruction, et vous voudrez bien tenir la main à l'exécution des nouvelles dispositions qui viennent d'être concertées entre monsieur le Ministre des Finances et moi. »

Chemins vicinaux de petite communication. — Invitation de surveiller constamment les travaux d'entretien de ces Chemins.

(Circul. du Ministre de l'Intér., du 22 déc. 1838.)

« MONSIEUR LE PRÉFET,

» Les chemins vicinaux de grande communication, dotés par la loi du 21 mai 1836 de ressources abondantes et assurées, placés sous l'autorité immédiate des Préfets, et dont les travaux sont dirigés et surveillés par des agents spéciaux, ces chemins doivent être achevés en peu d'années, et procureront bientôt au pays la compensation des sacrifices qu'il fait pour les amener à l'état d'entretien.

» Les chemins vicinaux de petite communication sont placés, sous certains rapports, dans des conditions peut-être moins favorables, et ce doit être, pour l'administration supérieure, un motif de plus pour consacrer à l'amélioration et à l'entretien de ces chemins des soins plus constants et une surveillance plus active. Ces voies publiques sont en effet la base de toutes nos communications agricoles et commerciales, et leur mauvais état rend nécessairement moins efficaces les avantages qu'on se promet des voies publiques d'un ordre supérieur.

» Le classement des chemins vicinaux, première opération dont l'administration eut à s'occuper, était encore incomplet à la fin de 1837 dans soixante-cinq départements, ainsi que vous l'avez vu dans les états annexés au rapport que j'ai soumis au Roi, à la date du 15 août dernier. Je ne doute pas que messieurs les Préfets de ces départements ne se soient attachés à compléter cet important travail. La révision des anciens classements avait été jugée nécessaire dans un certain nombre de départements, et elle avait été entreprise sur beaucoup de points dans le cours de 1837 ; je présume que cette opération doit être à peu près terminée. C'est ce que me fera connaître le rapport sur le service vicinal de 1838, que je vous demanderai prochainement.

» Le classement des chemins vicinaux terminé, ce qui importera, monsieur le Préfet, c'est de fixer l'assiette de ces chemins de manière à rendre impossible, à l'avenir, toute usurpation de la part des propriétaires riverains. Vous devrez donc inviter messieurs les Maires à faire délimiter les chemins vicinaux par des fossés, partout où il sera possible d'en ouvrir. Ce travail, qui peut se faire si facilement par l'emploi des prestations, aura le double avantage de mieux défendre le sol vicinal, et de contribuer, en l'asséchant, au bon état de la voie publique. Lorsqu'il y aura impossibilité d'ouvrir des fossés, il faut délimiter les chemins vicinaux au moyen d'un abornement opéré régulièrement et contradictoirement avec les propriétaires riverains. On s'attachera, dans ces opérations, à procurer aux chemins vicinaux, immédiatement ou le plus tôt possible, toute la largeur que leur attribue l'arrêté de classement.

» Les travaux annuels d'entretien doivent être aussi, monsieur le Préfet, l'objet de votre constante sollicitude. Ce n'est pas assez de vous assurer que les ressources créées sont employées, et le sont en temps utile, il faut encore que vous preniez toutes les mesures nécessaires pour qu'elles soient employées de la manière la plus profitable. Partout où le temps et les soins des agents voyers ne sont pas entièrement absorbés par les travaux des chemins vicinaux de grande communication, vous devez les charger d'aider messieurs les Maires de leur coopération, ou au moins de leurs avis, principalement pour les travaux d'art et les projets de quelque importance. Lorsque des Communes ont des ressources suffisantes, vous devez engager les Maires à proposer aux Conseils municipaux de salarier des piqueurs ou cantonniers capables de diriger les travaux de prestation. Dans le département d'Ille-et-Vilaine, l'administration préfectorale a organisé des brigades mobiles de cantonniers, qu'elle envoie dans les Communes dont les Maires réclament ce concours : c'est un exemple qui peut être utilement imité dans beaucoup de départements.

» Lorsqu'il y a impossibilité que les Maires des Communes rurales obtiennent le secours de la coopération d'hommes de l'art, il faut au moins qu'ils reçoivent de l'administration supérieure toutes les instructions qui peuvent y suppléer, car le mauvais état des chemins vicinaux tient souvent autant au défaut d'expérience pour l'emploi des ressources, qu'à l'exiguïté de ces ressources. Je vous engage donc, monsieur le Préfet, à adresser aux Maires des instructions détaillées sur l'ensemble des travaux nécessaires à la réparation et à l'entretien des chemins vicinaux. J'ai remarqué une instruction publiée

6

à cet effet par monsieur le Préfet d'Ille-et-Vilaine, à la date du 14 avril dernier; elle contient des indications qui peuvent être reproduites avec fruit.

» L'expérience a pu vous apprendre aussi que, dans beaucoup de Communes rurales, une des plus grandes difficultés qui entravent les travaux d'entretien des chemins vicinaux de petite communication, c'est le manque d'outils nécessaires aux travaux de terrassement et de cassage des matériaux. Fort souvent, en effet, les prestataires sont dépourvus de ces outils, et on ne peut pas les contraindre à se les procurer tous à leurs frais. Vous ferez donc bien d'engager les Maires des Communes ayant quelques ressources, à se pourvoir, en certaine quantité, des outils et instruments divers les plus nécessaires pour les travaux des chemins vicinaux. Ces outils seraient mis entre les mains des prestataires pour le temps de leurs travaux, et rétablis ensuite dans le magasin communal.

» Il est à présumer qu'un certain nombre de Communes n'auront pas les ressources nécessaires pour faire l'achat de ces outils. Ce serait le cas, monsieur le Préfet, de suppléer à cette impossibilité au moyen de secours sur les fonds départementaux, et on ne pourrait faire une plus juste et plus utile application de la faculté donnée par l'art. 8 de la loi du 21 mai 1836. Ces outils resteraient la propriété du département, et seraient seulement prêtés aux Communes. Il ne serait peut-être pas nécessaire même de les laisser à demeure dans chaque Commune, et on pourrait en établir un dépôt au centre d'un certain nombre de Communes qui viendraient les emprunter lorsqu'elles en auraient besoin. C'est ce qui a déjà été fait dans plusieurs départements.

» Ainsi, dès 1833 et 1834, dans le département des Vosges, il a été acheté sur les fonds départementaux pour environ six mille francs d'outils destinés à être distribués aux Communes pauvres qui montraient du zèle pour la réparation des chemins vicinaux. Dans le département d'Ille-et-Vilaine, les brigades de cantonniers mobiles sont pourvues d'outils achetés sur le fonds des travaux, et qui sont prêtés aux Communes où sont envoyées les brigades. Enfin, tout récemment, j'ai autorisé, pour le département de la Corrèze, une dépense de douze cents francs, destinée aussi à l'achat d'outils qui seront distribués aux Communes qui se distingueront dans leurs efforts pour la réparation de leurs chemins de petite communication. J'autoriserai volontiers de semblables dépenses lorsqu'elles me seront proposées, et je crois, je le répète, que c'est une des meilleures formes sous lesquelles il puisse être donné des secours aux Communes pour les aider dans les travaux de leurs chemins vicinaux.

» Je recommande à vos soins les plus constants, monsieur le Préfet, toutes les dispositions de la présente circulaire. Vous me rendrez compte de leur exécution, et je verrai avec intérêt tout ce que vous ferez pour assurer le bon emploi des ressources affectées aux chemins vicinaux de petite communication. »

Chemins vicinaux de grande communication. — Attributions respectives des Préfets et des Conseils généraux.

(Circulaire du 18 février 1839.)

« MONSIEUR LE PRÉFET,

» L'exacte observation des limites posées par les lois aux attributions, soit de l'autorité administrative, soit des assemblées délibérantes placées à côté de cette autorité dans les divers degrés de la hiérarchie, peut seule assurer le concert de ces deux branches de notre système administratif, et prévenir des collisions et des

conflits dont le moindre inconvénient est de ra-
lentir la marche des affaires. Le maintien rigoureux des attributions diverses est donc l'un
des premiers devoirs du Gouvernement, et ce
devoir, il doit surtout le remplir avec vigilance,
lorsqu'il s'agit de l'application des lois nouvelles, à l'égard desquelles une jurisprudence
bien fixe n'a pu se créer encore, et qui d'ailleurs appellent fréquemment l'action simulta-
née de l'autorité exécutive et des assemblées
délibérantes. Il en est ainsi, par exemple, de la
loi du 21 mai 1836, principalement en ce qui
concerne les chemins vicinaux de grande communication, et l'on comprend que la première
application des principes nouveaux posés dans
cette loi, ait pu donner lieu à quelques erreurs
d'attributions.

» Ainsi, dans une circonstance où il s'agissait
de poursuivre devant un tribunal civil l'exécution de promesses de concours faites par un
particulier en faveur de l'établissement d'un
chemin vicinal de grande communication, le
Préfet avait cru qu'aux termes de l'art. 36 de
la loi du 10 mai 1838, il ne pouvait agir qu'en
vertu d'une délibération du Conseil général, et
il avait appelé ce Conseil à en délibérer, comme
s'il s'était *agi d'une action à intenter au nom du
département.*

» Dans un autre cas, un legs ayant été fait en faveur de l'établissement et de l'entretien d'un chemin vicinal de grande communication, le Préfet, regardant ce legs comme *fait au département*, a cru devoir faire délibérer le Conseil général sur son acceptation.

» Ailleurs, le Préfet ayant à se pourvoir devant le Roi en son Conseil d'État, contre un arrêté du Conseil de préfecture, statuant sur le décompte de l'entrepreneur des travaux d'un chemin vicinal de grande communication, ce Préfet a pensé que son pourvoi devait être formé *au nom du département.*

» Dans un autre cas, un Conseil général a cru pouvoir intervenir, par forme de *résolutions*, dans la fixation des obligations à imposer aux Communes pour leur concours aux dépenses des chemins vicinaux de grande communication, et *décider* quelle serait la portion de ce concours ou même l'effet des offres faites par des particuliers; oubliant qu'aux termes de l'article 7 de la loi du 21 mai 1836, c'est le Préfet seul qui *détermine annuellement la proportion du concours de chaque Commune, et qui statue sur les offres faites par les particuliers, associations de particuliers ou de Communes.*

» J'ai dû, dans ces différents cas, redresser les erreurs qui m'étaient signalées; mais, comme il est évident qu'elles avaient leur source dans une inexacte appréciation des principes qui régissent la matière, il me paraît nécessaire, pour en prévenir le retour, de vous rappeler ces règles, et de bien préciser la part d'action qui appartient, d'un côté, au Conseil général, et de l'autre, au Préfet.

» Il est, monsieur le Préfet, un premier principe qui forme la principale base de toutes les règles que nous avons à appliquer : il avait été, clairement posé dans mon instruction du 24 juin 1836, et il importe de ne jamais le perdre de vue : c'est que les chemins vicinaux qu'après l'accomplissement des formalités voulues, le Conseil général déclare *chemins vicinaux de grande communication*, ne changent pas de caractère en changeant de dénomination ; ils conservent le caractère de vicinalité que leur avait imprimé l'arrêté de reconnaissance qu'avait préalablement rendu le Préfet ; le sol de ces chemins continue d'appartenir aux Communes sur le territoire desquelles ils sont situés ; les Communes demeurent chargées de pourvoir à leur entretien, sauf l'allocation, s'il y a lieu, de subventions sur les fonds départementaux ; mais ces subventions constituent un secours, un concours dans la dépense communale, jamais une dépense départementale directe. Aussi,

lorsque récemment j'ai cru devoir, dans l'intérêt de la surveillance de l'emploi des fonds, rat-
tacher d'une manière plus intime le service des
chemins vicinaux de grande communication à
la comptabilité départementale ; lorsque j'ai cru
devoir faire figurer, au budget départemental,
même les ressources communales et les sous-
criptions particulières applicables à ce service,
j'ai pris le soin d'expliquer que ce n'était là
qu'une mesure d'ordre qui ne changeait pas la
nature de la dépense, qui ne lui conférait pas
le caractère de dépense départementale, qui ne
lui ôtait pas le caractère de dépense communale.

» Aucun des termes de la loi du 21 mai 1836,
aucun des corollaires qu'on peut en déduire ne
permet donc, monsieur le Préfet, de considérer
les chemins vicinaux de grande communication
comme placés au rang des *propriétés départementales;* dès lors il est évident que le Conseil général n'a pas à intervenir dans les *actions* auxquelles donneront lieu les litiges ayant des chemins pour objet. Ce serait à tort que vous ap-
pelleriez un Conseil général à autoriser ces actions, ou même à en déclarer l'opportunité; car
le Conseil général n'a à intervenir que dans les
actions à intenter ou à soutenir au nom du département, et les chemins vicinaux de grande

communication, je le répète, ne sont pas la propriété des départements.

» Les litiges que font naître les intérêts des
chemins vicinaux de grande communication,
donnent donc ouverture à des actions purement
communales. On comprend toutefois que ces
actions ne puissent pas être suivies par les
Maires; en effet, il y a ici une agrégation de
Communes ayant un intérêt commun à l'établissement ou à l'entretien d'un chemin vicinal
de grande communication, et, par conséquent,
un intérêt commun dans les actions à exercer
à l'occasion de ces chemins. D'un autre côté,
les chemins vicinaux de grande communication
sont placés, par l'article 9 de la loi du 21 mai
1836, sous l'autorité du Préfet. Par l'effet de
cette attribution, le Préfet centralise, pour ces
contestations, les pouvoirs qui, selon les règles
habituelles, appartiendraient à chacun des
Maires des Communes intéressées à la ligne vicinale. Comme cependant l'intervention du Préfet ne saurait relever les Communes de l'état
de minorité dans lequel elles se trouvent pour
toutes les actions qui doivent être exercées dans
leur intérêt, et comme, attendu cet état de minorité, les actions des Communes ne peuvent être
exercées qu'après l'autorisation du Conseil de
préfecture, le Préfet doit se faire autoriser par

6.

ce Conseil toutes les fois qu'il a à exercer, devant l'autorité judiciaire, une action née de
difficultés survenues à l'occasion des intérêts
communaux collectifs qui ont pour objet un
chemin vicinal de grande communication.

» Je n'ai sans doute pas besoin de faire remarquer que ce que je viens de dire ne s'applique pas à la répression des usurpations sur
le sol de ces chemins. Il ne s'agit ici que d'une
contravention; elle ne donne pas lieu à une action civile; elle est constatée par les fonctionnaires ou agents ayant droit d'en verbaliser;
elle doit être, comme pour les chemins vicinaux
de petite communication, portée devant le Conseil de préfecture, en vertu de l'art. 8 de la loi
du 9 ventôse an XIII.

» Il se pourrait, à la vérité, que de cette poursuite il résultât ensuite une action civile; car
vous savez, monsieur le Préfet, que la répression de la contravention constatée est tout-à-
fait indépendante de la question de propriété
que soulèverait le particulier contre lequel il
aurait été rédigé procès-verbal. Conformément
à la jurisprudence constante du Conseil d'État,
le Conseil de préfecture statuerait sur la contravention, et, s'il la reconnaissait constante, il
ordonnerait la réintégration du sol enlevé au
chemin. Ce jugement n'ôterait pas à la partie

la faculté de faire reconnaître, par les tribunaux ordinaires, son droit de propriété, lequel
se résoudrait alors en une indemnité ; mais cette
action ne serait plus du nombre de celles qui
devraient être soutenues par le Préfet dans un
intérêt collectif : elle serait soutenue par le
Maire de la Commune sur le territoire de laquelle le chemin est situé, puisque chaque Commune reste propriétaire, sur son territoire, du
sol des chemins vicinaux dits *de grande communication*. Il n'y a lieu, en un mot, à l'exercice de l'action du Préfet que pour les intérêts
collectifs des chemins, ceux qui ne pourraient
être exercés en particulier par chacun des Maires des Communes intéressées.

» Je pense, monsieur le Préfet, que les explications qui précèdent vous auront fait saisir
complètement la marche à suivre dans toutes
les actions à intenter ou à suivre à l'occasion
des chemins vicinaux de grande communication. Je compte donc ne plus voir se renouveler
des erreurs qu'il m'est toujours pénible d'avoir
à redresser. Si d'ailleurs vous éprouviez quelques doutes sur un point qui ne vous paraîtrait
pas résolu par ce qui vient d'être établi, vous
me les soumettriez, et je m'empresserais de
vous donner ma décision.

» Mais s'il importe, monsieur le Préfet, que

les Conseils généraux ne soient pas appelés, comme ils l'avaient été dans les cas signalés plus haut, à intervenir dans les actions à intenter ou à suivre dans l'intérêt des chemins vicinaux de grande communication, il n'importe pas moins que, sous le rapport de l'administration, ces Conseils, tout en exerçant la plénitude des attributions qui leur ont été dévolues par la loi du 21 mai 1836, restent cependant rigoureusement dans les limites de ces attributions. C'est ce que ne peuvent manquer de reconnaître des assemblées composées d'hommes aussi remarquables par leurs lumières que par leur zèle pour le bien public.

» Les attributions des Conseils généraux, en matière de chemins vicinaux de grande communication, se résument, monsieur le Préfet, en un petit nombre d'actes bien précisés dans la loi elle-même : 1° classement des chemins vicinaux de grande communication ; 2° fixation de la direction de ces chemins ; 3° désignation des Communes qui doivent être appelées à concourir à la dépense ; 4° vote des fonds qui pourront être répartis en subdivisions ; 5° fixation du traitement des agents voyers.

» En ce qui concerne la déclaration du Conseil général qui donne à un chemin vicinal la qualification de chemin vicinal de grande communication, cette déclaration doit être précédée de l'avis des Conseils municipaux des Communes intéressées, de celui des Conseils d'arrondissement, et enfin de la proposition du Préfet. Si le Conseil général classait un chemin vicinal de grande communication sans que les Communes intéressées eussent été entendues par l'organe de leurs Conseils municipaux, sans que le Conseil d'arrondissement eût été appelé à donner son avis, sans que le Préfet eût proposé le classement du chemin, la délibération du Conseil général serait contraire à la loi; elle serait entachée de nullité.

» Les mêmes avis devraient être demandés, et la proposition du Préfet serait également nécessaire, s'il s'agissait de déclasser un chemin vicinal de grande communication. On comprend, en effet, que l'acte du classement avait créé, sinon des droits, du moins des intérêts qui doivent être entendus préalablement à la décision nouvelle qui pourra leur nuire.

» La fixation de la direction des chemins vicinaux de grande communication est, comme le classement, dans les attributions du Conseil général; mais toujours sous la condition que les Conseils municipaux et d'arrondissement auront été entendus, et que le Préfet aura proposé la direction qui lui paraît la plus utile aux in-

térêts du pays. Cela ne veut pas dire, sans
doute, que le Conseil général devra nécessairement adopter la direction indiquée par les Conseils municipaux et d'arrondissement, ou proposée par le Préfet; on comprend cependant
que, si le Conseil général adoptait une direction qui s'écarterait trop de celle qui lui est
proposée, il créerait, par le fait, une ligne vicinale autre que celle sur laquelle a porté l'instruction : ce ne sera plus là remplir le vœu de
la loi, et il faut espérer que de telles erreurs ne
seront jamais commises.

» Ce que je viens de dire de la fixation de la
direction s'applique naturellement aux changements à apporter à une direction primitivement
adoptée, si du reste ces changements sont assez
marquants pour nuire aux intérêts qu'avait
créés la première direction. Il faut alors de
nouveaux avis et une nouvelle proposition du
Préfet.

» La désignation des Communes qui doivent
contribuer à la construction ou à l'entretien
d'un chemin vicinal de grande communication,
appartient également au Conseil général, mais
sous la condition, exigée encore par la loi, que
les Conseils municipaux et d'arrondissement
auront été appelés à donner leur avis, et que
le Préfet aura proposé les Communes qui lui

paraissent devoir être appelées à concourir à cette dépense. Sans doute que le Conseil général n'est pas tenu d'adopter intégralement la proposition du Préfet, c'est-à-dire d'appeler à contribuer toutes les Communes comprises dans sa proposition ; mais il ne pourrait évidemment pas comprendre, dans sa désignation, des Communes dont les Conseils municipaux n'auraient pas été entendus, dont les délibérations n'auraient pas été soumises au Conseil d'arrondissement, ou qui ne seraient pas comprises dans la proposition du Préfet, qui pourra toujours, d'ailleurs, être faite dans le cours de la délibération même du Conseil général. Ces formalités sont, en effet, des garanties assurées aux Communes par la loi, et dont on ne peut légalement les priver.

» Ces mêmes formalités doivent être observées lorsqu'il s'agit de réduire le nombre des Communes appelées à concourir à la dépense d'une ligne vicinale. En effet, la décision qui avait désigné un certain nombre de Communes à y contribuer, avait créé entre elles une certaine communauté d'intérêts : diminuer le nombre des Communes qui doivent composer cette agrégation, c'est virtuellement augmenter la charge qui doit à l'avenir incomber à chacune d'elles ; il faut donc que cette décision ne soit prise que sous toutes les garanties qui peuvent en prouver l'équité.

» C'est ici le cas de vous faire remarquer, monsieur le Préfet, que la désignation des Communes doit être faite par ligne vicinale. Il ne serait pas légal de déclarer, par exemple, qu'un certain nombre de Communes sont appelées à concourir à l'ensemble de la dépense de tous les chemins vicinaux de grande communication du département ou d'un arrondissement : aux yeux de la loi, chaque chemin vicinal de grande communication forme une spécialité ; la dépense doit en être mise à la charge des seules Communes intéressées à cette ligne. On comprend facilement, du reste, la nécessité de cette spécialité : d'une part, les dépenses de construction ou d'entretien ne peuvent pas être égales sur chaque ligne ; d'autre part, il était nécessaire que les Communes à qui on imposait une charge nouvelle demeurassent convaincues que c'était dans leur propre intérêt que cette charge leur était imposée, et non pas dans un intérêt fort éloigné.

» Le vote des fonds qui sont destinés aux subventions autorisées par la loi appartient naturellement au Conseil général, et il n'y a ici qu'à répéter ce que j'avais dit dans mon instruction du 24 juin 1836, que ce vote doit comprendre l'ensemble du crédit, mais non pas en faire la répartition entre les différentes lignes vicinales.

» Enfin, la fixation du traitement des agents voyers appartient encore au Conseil général. La loi n'exige pas, pour cette fixation, la proposition du Préfet, mais il va sans dire que le Préfet fera sa proposition, comme pour toutes les autres dépenses que le Conseil général est appelé à voter. Le silence de la loi à cet égard indique seulement qu'il y a lieu de suivre les règles ordinaires.

» Telle est, monsieur le Préfet, la série des attributions que la loi du 21 mai 1836 a dévolues aux Conseils généraux. Vous devez respecter ces attributions ; vous devez borner votre concours, dans leur exercice, au rôle que vous assigne la loi ; vous ne devez pas même accepter la délégation que voudrait vous faire le Conseil général, d'une partie de l'action qui lui appartient. Dans un département, par exemple, le Conseil général avait cru pouvoir remettre au Préfet la fixation de la direction d'un chemin vicinal de grande communication, à l'égard de laquelle il y avait dissidence dans le Conseil ; j'ai dû faire remarquer au Préfet qu'il ne pouvait, légalement, accepter cette mission, et que les intéressés seraient autorisés à demander l'annulation de la décision qu'il prendrait en vertu d'une délégation non prévue par la loi.

» Mais si l'administration doit se montrer soigneuse d'éviter tout empiètement sur les attributions données par la loi aux Conseils généraux, elle doit espérer que les Conseils généraux, de leur côté, resteront rigoureusement dans les limites posées par la loi à ces attributions; ce n'est d'ailleurs pas l'autorité exécutive seule qui a droit de le demander, ce sont les administrés eux-mêmes; car ce n'est que dans le maintien des formes légales qu'ils peuvent trouver les garanties que la loi a voulu leur assurer.

» Ainsi, il ne serait pas légal qu'en classant un chemin vicinal de grande communication et en déterminant sa direction, le Conseil général *fixât* la largeur de ce chemin; car c'est le Préfet que la loi charge *d'en fixer la largeur et les limites.*

» Il ne serait pas légal qu'en désignant les Communes qui doivent contribuer à la construction ou à l'entretien d'un chemin vicinal de grande communication, le Conseil général *réglât* les contingents que devront fournir ces Communes, ou *décidât* dans quelles proportions la dépense sera répartie entre les ressources communales et les fonds départementaux, ou même statuât indirectement sur les autres obligations des Communes, comme, par exemple, celles qui ont pour objet la fourniture des terrains ; car c'est le Préfet que la loi charge *de déterminer annuellement la proportion dans laquelle chaque Commune doit concourir à l'entretien de la ligne vicinale dont elle dépend.*

» Il ne serait pas légal que le Conseil général débattît les offres faites dans l'intérêt d'un chemin vicinal de grande communication, et déclarât *accepter* ces offres ; car c'est le Préfet que la loi charge *de statuer sur les offres faites par les particuliers, associations de particuliers ou de Communes.*

» Il ne serait pas légal qu'en votant le crédit sur lequel seront prises les subventions autorisées par la loi, le Conseil général *déterminât* la quotité de la subvention qui doit être accordée à telle Commune, ou à tel chemin, ou même qu'il *décidât* que les subventions ne seront accordées que dans telle proportion avec les ressources communales et particulières ; car la loi dit que *la distribution des subventions sera faite par le Préfet, qui en rendra compte chaque année au Conseil général.*

» Il ne serait pas légal qu'en fixant le traitement des agents voyers, le Conseil général in-

tervînt dans le choix de ces agents, ou même
fixât leur nombre et leur organisation, car cette
attribution n'a pas été donnée au Conseil général : c'est le Préfet que la loi charge de nommer les agents voyers, et l'organisation du service serait une conséquence naturelle du droit
de nomination, alors même qu'il ne serait pas
de principe général que l'administration règle
les devoirs de tous les agents qu'elle emploie :
le Conseil général n'intervient ici directement
que pour la fixation des traitements. Sans doute
cette fixation peut affecter l'organisation, puisque le refus des traitements établirait l'impossibilité de maintenir les nominations ; mais il est
à présumer que ce dissentiment ne s'élèvera jamais, et que le Préfet saura borner ses propositions aux besoins réels du service ; besoins que
le Conseil général voudra toujours satisfaire,
puisque la bonne organisation du personnel est
la plus sûre garantie du bon emploi des ressources.

» Sur toutes les matières que je viens de si-
gnaler comme ne rentrant pas dans les attributions du Conseil général, à titre de vote ou de
décision, je comprends parfaitement qu'il exprime un avis, ou qu'il émette un vœu, lorsque vous l'aurez consulté, comme vous en donne
le droit l'article 6 de loi du 10 mai 1838; je

comprends que le Conseil général présente des observations sur telle ou telle partie du service vicinal, comme le permet l'article 7 de la même loi : l'administration se montrera toujours empressée de recevoir, de provoquer même les avis d'assemblées composées d'hommes qui n'ont en vue, comme elle, que l'intérêt du pays, et qui apportent dans la discussion une parfaite connaissance des localités; mais ces avis ne doivent pas être rédigés en forme de *votes,* de *décisions,* de *résolutions :* ces formes doivent être réservées pour les matières dans lesquelles les lois donnent au Conseil général le droit de décision. Cette distinction n'échappera ni à vous, monsieur le Préfet, ni aux membres des Conseils généraux; c'est en s'y attachant scrupuleusement qu'on évitera des conflits d'attributions toujours fâcheux, alors même qu'ils ne deviennent pas assez graves pour troubler la bonne harmonie qu'il est si nécessaire de voir régner entre le Préfet et le Conseil général.

» Veuillez donc, monsieur le Préfet, vous pénétrer des principes que je viens de vous rappeler; faites-en la règle de vos rapports avec le Conseil général, en tout ce qui concerne le service des chemins vicinaux de grande communication ; rappelez-les, au besoin, dans la discussion des affaires relatives à ce service, et rendez-moi compte exactement des difficultés qui vous paraîtraient n'avoir pas reçu une solution conforme à la loi. »

Chemins vicinaux. — Prestation en nature. — Vote et Assiette de la contribution quant aux diverses espèces de Journées.

(Circul. du Ministre de l'Intérieur, du 11 avril 1839.)

« MONSIEUR LE PRÉFET,

» L'art. 3 de la loi du 21 mai 1836 est ainsi conçu :

« Tout habitant, chef de famille ou d'établis-
» sement, à titre de propriétaire, de régisseur,
» de fermier ou de colon partiaire, porté au rôle
» des contributions directes, pourra être appelé
» à fournir, chaque année, une prestation de
» trois jours :

» 1°. Pour sa personne et pour chaque indi-
» vidu mâle, valide, âgé de dix-huit ans au
» moins et de soixante au plus, membre ou ser-
» viteur de la famille, et résidant dans la Com-
» mune ;

» 2°. Pour chacune des charrettes ou voitu-

» res attelées, et, en outre, pour chacune des
» bêtes de somme, de trait, de selle, au service
» de la famille ou de l'établissement. »

» Dans l'application presque généralement
faite de cet article de la loi, les Conseils municipaux votent une, deux ou trois journées de
prestation, selon les besoins du service vicinal;
puis, sur l'état-matrice établi en exécution de
l'instruction du 24 juin 1836, il est rédigé un
rôle dans lequel chaque redevable est imposé à
une, deux ou trois journées de prestation, pour
tout ce qui, hommes ou choses, est, dans son
établissement, passible de la prestation en nature. C'est bien là, incontestablement, le mode
d'application le plus rationnel, celui qui se présente tout d'abord à l'esprit à la lecture de la loi.

» Il est pourtant un petit nombre de départements où il a été procédé différemment.

» Là, les Conseils municipaux ne se sont point
bornés au vote du nombre des journées à imposer dans la limite du *maximum;* ils sont inter-
venus dans l'assiette, ou plutôt dans la répartition de la prestation en nature : ils ont voté, par
exemple, une journée de travail d'homme, et
deux ou trois journées de travail de bêtes de trait,
ou bien, au contraire, un nombre moins considérable de ces dernières journées que des premières.

» Cette manière de procéder, monsieur le Préfet, repose sur une interprétation erronée de l'article de la loi dont nous nous occupons, et les Conseils municipaux qui ont cru pouvoir intervenir ainsi dans la répartition de la prestation, ont dépassé les pouvoirs que leur donnait la loi. En effet, il n'est pas douteux qu'en déterminant les bases de cette contribution, le législateur a vu dans ces bases un tout qui constitue d'une manière indivisible les obligations de chaque chef de famille ou d'établissement : en d'autres termes, chaque chef de famille ou d'établissement doit la prestation en nature pour tout ce que la loi déclare imposable, et sans que le Conseil municipal ait le droit d'affranchir de la contribution une partie de ce qui compose ces bases de la contribution. Il en est ici comme des centimes spéciaux, qui doivent porter sur l'ensemble des quatre contributions directes, et dont les Conseils municipaux ne pourraient voter l'assiette sur telle ou telle de ces quatre contributions.

» Pour justifier cette assiette irrégulière de la prestation en nature, il a été dit que l'entretien et la réparation des chemins vicinaux n'exigeaient pas partout l'emploi d'une égale proportion de journées de diverses natures ; que, par exemple, dans telle Commune, la nature du sol

et des travaux à faire rendait nécessaire l'emploi
d'un grand nombre de journées d'hommes, tandis que les matériaux se trouvant à pied d'œuvre, il n'est besoin que d'un petit nombre de
journées de transport. Dans d'autres Communes,
c'est le contraire qui arrive. Si donc, ajoute-t-on,
le rôle de prestation est établi sur l'ensemble
des bases de cette contribution, il arrivera que
tantôt des journées de charrois, tantôt des journées d'hommes ne pourront être employées; il
faudra forcément les laisser sans emploi : autant
vaut, par conséquent, ne pas les imposer.

» Ces raisons sont spécieuses, monsieur le
Préfet, mais, fussent-elles même fondées, elles
ne pourraient prévaloir contre la seule interprétation légale qui puisse, comme je l'ai dit plus
haut, être donnée à l'art. 3 de la loi, l'indivisibilité du vote de la prestation en nature, et son
assiette sur l'ensemble des bases de cette contribution. Le comité du Conseil d'État, attaché
au département de l'Intérieur, que j'ai cru devoir consulter sur cette question, a été d'avis
que cette indivisibilité était conforme à la loi, et
c'est à l'application de cette règle qu'il faut partout se conformer ou revenir.

» On ne peut d'ailleurs se dissimuler, monsieur le Préfet, que si le vote, dans des proportions différentes, des différentes espèces de jour-

7

nées de prestations, présentait en apparence quelques avantages, il avait aussi des inconvénients réels.

» Je ne m'attacherai pas à cette considération, qu'en procédant ainsi, les Conseils municipaux pourraient arriver à favoriser telle classe de redevables au détriment de telle autre; qu'ici, par exemple, on ferait peser la charge des prestations principalement sur les journaliers, en ménageant les possesseurs de moyens de transport; qu'ailleurs le contraire pourrait arriver. J'aime à penser que partout les Conseils municipaux ne sont mus que par l'intérêt général, et que tous les membres de ces assemblées savent se placer au-dessus des considérations tirées de leurs intérêts privés. On ne peut pourtant se dissimuler que ce mode de procéder peut avoir au moins une apparence d'arbitraire que l'administration, dans tous ses degrés, doit soigneusement éviter.

» Ce qu'on ne peut d'ailleurs se dispenser de reconnaître, c'est que le vote inégal des diverses espèces de journées tend à priver le service vicinal d'une partie des ressources que la loi du 21 mai 1836 y affecte. Aux termes de cette loi, les Communes dont les revenus ne suffisent pas à l'entretien des chemins vicinaux, peuvent être tenues de suppléer à cette insuffisance, en votant, pour l'ensemble vicinal, des prestations en nature jusqu'au *maximum* de trois journées. Pour le service spécial des chemins vicinaux de grande communication, le contingent de ces mêmes Communes peut être porté jusqu'à deux des trois journées de prestations votées. Si un Conseil municipal ne satisfait pas à cette obligation légale, soit pour les chemins vicinaux de petite communication, soit pour ceux de grande communication, le Préfet *peut* et *doit* imposer la Commune dans les limites du *maximum*. Les obligations des Communes doivent-elles être considérées comme remplies, lorsqu'il n'a été voté qu'une partie des prestations, par exemple trois journées de main-d'œuvre et une journée de charrois? Le Préfet peut-il permettre que, notamment le service des chemins vicinaux de grande communication, qui exige généralement une plus grande masse de transports, soit privé d'une partie des ressources que la loi lui assure? Évidemment non.

» Il faut reconnaître toutefois que, dans quelques cas exceptionnels, dans quelques localités placées dans une position topographique particulière, l'obligation d'imposer un même nombre de journées d'hommes et de journées de charrois pourra amener ce résultat, que, ainsi qu'on l'a exposé, quelques journées d'une ou

d'autre espèce resteront forcément sans emploi,
et devront être admises en non-valeur; mais c'est
là un très-faible inconvénient, bien au-dessous
certainement de ceux que j'ai signalés plus haut.
D'ailleurs, l'admission de ces cotes en non-valeur ne devra pas avoir lieu d'une manière arbitraire et sur la seule décision de l'autorité locale; il faudra qu'elle soit approuvée par le Préfet, qui devra d'abord s'assurer que réellement
les journées qu'on propose de laisser sans emploi ne peuvent être utilement employées, ni sur
les chemins vicinaux de petite communication,
ni sur ceux de grande communication.

» Si donc, monsieur le Préfet, votre département était du petit nombre de ceux où les Conseils municipaux ont adopté l'usage de voter un
nombre différent de journées de diverses natures, vous devriez inviter ces assemblées à revenir à l'application régulière de la loi, en leur
donnant les explications nécessaires pour leur
faire apprécier l'erreur dans laquelle elles seraient
tombées. Vous auriez soin d'envoyer vos instructions assez à temps pour qu'elles reçussent leur
exécution dès la prochaine session de mai. Si,
nonobstant ces instructions, quelques votes ir-
réguliers étaient encore émis, vous vous abstien-
driez de les approuver, et vous prendriez les
mesures nécessaires, ou pour obtenir un vote

régulier, ou pour user du pouvoir que vous donne l'art. 5 de la loi du 21 mai 1836. »

Chemins vicinaux. — Limites des obligations des Communes.

(Circul. du Ministre de l'Intérieur, du 30 avril 1839.)

« MONSIEUR LE PRÉFET,

» Des doutes se sont élevés dans quelques départements sur l'étendue des obligations qui résultent de la loi du 21 mai 1836, pour les Communes *dont les revenus peuvent suffire à pourvoir à la dépense de construction et d'entretien des chemins vicinaux, soit de petite, soit de grande communication.*

» Ces doutes portent surtout sur les limites dans lesquelles l'autorité supérieure aurait le droit d'inscrire cette dépense d'office au budget communal, lorsque le Conseil municipal aurait refusé d'y pourvoir. Des Maires et des Conseils municipaux ont prétendu que, dans ce cas, l'autorité supérieure doit se renfermer dans les limites posées par les art. 2, 5 et 8 de la loi précitée, c'est-à-dire que le crédit à inscrire d'office au budget ne peut pas dépasser l'*équivalent* de trois journées de prestation et de cinq centimes spéciaux, s'il s'agit de l'ensemble du service vicinal, ou de deux journées de prestation et des deux tiers des cinq centimes, s'il s'agit du service spécial des chemins vicinaux de grande communication.

» Cette prétention, monsieur le Préfet, repose sur une interprétation erronée des différents articles de la loi du 21 mai 1836, et sur l'oubli de la corrélation de cette loi avec la législation relative aux dépenses communales.

» En effet, l'art. 1er de la loi du 21 mai 1836 déclare, en principe, que *les chemins vicinaux légalement reconnus sont à la charge des Communes*; ainsi, la dépense des chemins vicinaux est rangée, par cette disposition, au nombre des dépenses *obligatoires* des Communes.

» Si toutes les Communes du royaume avaient eu dans leurs revenus ordinaires des ressources suffisantes pour pourvoir à l'établissement et à l'entretien des chemins vicinaux, cette simple déclaration de principes eût suffi; les règles générales sur les dépenses des Communes se seraient appliquées à une dépense qu'une loi spéciale venait de déclarer obligatoire.

» Mais telle n'est pas la situation financière de la majorité des Communes; aussi le législateur a-t-il dû les diviser en deux catégories distinctes : 1° celles qui peuvent pourvoir à la dépense du

service vicinal sur leurs ressources ordinaires ;
2° celles dont les ressources ordinaires ne peuvent suffire à cette dépense. Cette distinction se
trouve clairement établie, et par l'art. 2 et par
le quatrième paragraphe de l'art. 8 de la loi du
21 mai 1836.

» Pour les Communes de la seconde catégorie,
celles dont les ressources ordinaires ne peuvent
suffire à la dépense du service vicinal, le législateur a établi d'une manière précise, dans l'article 2, de quelle manière il serait suppléé à cette
insuffisance ; il a posé également, dans le même
article, les limites dans lesquelles devait être
renfermé le vote des ressources spéciales qu'il
venait de créer ; il a posé, dans l'art. 8, une
semblable limite aux obligations des Communes,
en ce qui concerne particulièrement le service
des chemins vicinaux de grande communication ; enfin, par l'art. 5, il a donné aux Préfets
le droit d'imposer d'office ces mêmes ressources
spéciales dans le cas où des Conseils municipaux
s'abstiendraient de remplir leurs obligations.

» Ainsi, pour les Communes dont les ressources ordinaires ne peuvent suffire à la dépense
du service vicinal, les règles tracées par la loi du
21 mai 1836 sont complètes ; elles sont précises :
aussi aucune contestation ne s'est élevée sur ce
point.

» Quant aux Communes de la seconde catégorie, celles qui peuvent pourvoir à la dépense
du service vicinal sur leurs ressources ordinaires, le législateur s'est borné à déclarer, comme
principe, dans les art. 2 et 8 de la loi, que c'était
sur ces ressources qu'elles devaient pourvoir
aux besoins de ce service; mais, ni dans ces
articles, ni dans aucune autre partie de la loi
précitée, le législateur ne s'est expliqué sur les
limites des obligations de ces Communes, ou sur
les moyens de les contraindre à remplir ces obligations.

» Serait-il possible de conclure de ce silence
que l'autorité supérieure soit laissée dépourvue,
vis-à-vis des Communes ayant des ressources
ordinaires suffisantes, des moyens de coercition
qui lui ont été donnés par la loi du 21 mai 1836
à l'égard des Communes qui n'ont pas de ressources ordinaires suffisantes, et qui doivent y
suppléer par des ressources spéciales? Une semblable conséquence ne saurait sans doute être
invoquée sérieusement, et force est de reconnaître que ce que l'autorité supérieure peut faire à
l'égard de ces dernières Communes, elle le peut,
à plus forte raison, à l'égard des Communes de
la première catégorie, de celles dont la situation
financière leur permet de pourvoir à la dépense
du service vicinal. Si le législateur n'a pas posé,

dans la loi du 21 mai 1836, les règles applicables à ces Communes, c'est qu'il lui suffisait de
déclarer, comme principe, qu'elles devaient considérer la dépense du service vicinal comme obligatoire; les règles générales en matière de dépenses communales viennent ensuite suppléer
au silence de la loi du 21 mai 1836. C'est donc
dans la loi du 18 juillet 1837, sur l'administration municipale, que l'autorité supérieure doit
chercher comment il doit être procédé pour contraindre à remplir leurs obligations les Communes qui ont des ressources ordinaires suffisantes.

» Mais si l'on est forcé de reconnaître, à cet
égard, les droits de l'autorité supérieure, on a
contesté l'étendue des obligations qu'elle pouvait
imposer à ces Communes; on a prétendu trouver dans l'art. 5 de la loi du 21 mai 1836, la limite de ces obligations; on a admis que cet article était sans application, *au fond*, puisque les
ressources spéciales dont il permet l'imposition
ne pourraient être légalement imposées sur les
Communes ayant des ressources ordinaires suffisantes; mais on a dit que cet article réglait les
obligations de ces Communes *par assimilation*,
c'est-à-dire qu'on ne pouvait les contraindre
d'affecter à la dépense du service vicinal au-delà
de *l'équivalent de trois journées de prestation et de
cinq centimes spéciaux.*

7.

» Cette *assimilation*, monsieur le Préfet, n'est écrite ni même indiquée dans aucun des articles de la loi du 21 mai 1836, qui, à l'égard des Communes ayant des ressources ordinaires suffisantes, s'est bornée, je le répète, à déclarer que la dépense du service vicinal était obligatoire pour elles. Dès lors cette dépense prend rang avec toutes les autres dépenses déclarées obligatoires par l'art. 30 de la loi du 18 juillet 1837; il doit y être pourvu par les Conseils municipaux concurremment avec ces autres dépenses. Si un Conseil municipal méconnaissait ses obligations à cet égard, il y aurait lieu à l'application de l'art. 39 de la même loi, comme s'il s'agissait de toute autre espèce de dépense obligatoire, c'est-à-dire que l'allocation nécessaire serait inscrite au budget, soit par arrêté du Préfet en Conseil de préfecture pour les Communes ayant moins de cent mille francs de revenu; soit par ordonnance du Roi pour les Communes dont les revenus dépassent cent mille francs. Une seule observation est à faire ici : c'est que si la situation financière de ces Communes ne permettait d'inscrire d'office au budget qu'une partie de la dépense du service vicinal, et qu'il fût nécessaire de recourir, pour le reste, à d'autres ressources, ce ne serait pas à la contribution extraordinaire prévue par le quatrième paragraphe de l'art. 39 précité qu'il faudrait recourir, mais bien aux ressources spéciales, prestations et centimes indiqués par la loi du 21 mai 1836, comme devant suppléer à l'insuffisance des ressources ordinaires. Dans ce cas particulier, il y aurait donc lieu d'appliquer à la fois l'art. 39 de la loi du 18 juillet 1837 pour partie de la dépense, et l'art. 5 de la loi du 21 mai 1836 pour la partie de ces dépenses que les ressources ordinaires ne pourraient fournir.

» Quant à la limite dans laquelle doivent se renfermer ces inscriptions d'office aux budgets communaux, le même art. 39 de la loi du 18 juillet 1837 trace avec clarté la marche à suivre dans toutes les circonstances où il sera nécessaire de recourir à cette mesure. « S'il s'agit » d'une dépense annuelle et variable, y est-il » dit, elle sera inscrite pour sa quotité moyenne ». pendant les trois dernières années ; s'il s'agit » d'une dépense annuelle et fixe de sa nature, » ou d'une dépense extraordinaire, elle sera inscrite pour sa quotité réelle. »

» Il résulte évidemment de cette disposition, monsieur le Préfet, que s'il s'agit d'une dépense *d'entretien* des chemins vicinaux, dépense annuelle et variable, elle doit être fixée, pour l'inscription d'office au budget, *d'après sa quotité moyenne pendant les trois dernières années;*

que si, au contraire, la dépense est nouvelle, comme celle *de grande réparation ou de création* des chemins vicinaux, soit de grande, soit de petite communication, elle présente le caractère de dépense extraordinaire, et doit être inscrite au budget communal *pour sa quotité réelle.*

» Quelle que fût ma conviction sur la manière dont devaient être résolues les difficultés qui s'étaient élevées relativement à cette partie du service vicinal, j'ai cru devoir, en raison de l'importance de ces questions, les soumettre à l'examen du Conseil d'État, qui a été d'avis des solutions que je viens de vous indiquer, et qui se résument ainsi :

« 1°. Les Préfets ont le droit d'inscrire d'office au budget des Communes les dépenses » nécessitées pour le service des chemins vici-
» naux ;

» 2°. Cette inscription a lieu en vertu de la loi » du 18 juillet 1837 ;

» 3°. Il doit y être procédé par le Préfet en » Conseil de préfecture, ou par ordonnance du » Roi, comme le veut l'art. 39 de la même loi ;

» 4°. Enfin, ce même art. 39 a posé la règle » à laquelle les Préfets doivent se conformer, » quant à la fixation de la quotité des dépen-
» ses. »

» Je ne terminerai pas sans vous recomman-

dér, comme je l'ai toujours fait, de n'user qu'a-
vec réserve, et dans une juste mesure, des pouvoirs que la loi vous attribue en cette matière.
Sans doute, la création, la réparation et l'entretien des chemins vicinaux sont au rang des dépenses les plus importantes des Communes, de
celles dont elles doivent retirer directement et
immédiatement le plus d'avantages ; mais il est
des limites même pour le bien, et en plaçant les
dépenses du service vicinal au premier rang des
dépenses obligatoires, il ne serait pas d'une
bonne administration de les faire assez prédo-
miner pour paralyser d'autres dépenses utiles
aussi. C'est ce que vous ne devrez jamais perdre de vue quand vous aurez à faire l'application des dispositions de la présente circulaire. »

Chemins vicinaux. — Usurpations. —
Conseils de Préfecture. — Tribunaux
de Police. — Compétence respective.

(Circulaire du 11 mai 1839.)

« MONSIEUR LE PRÉFET,

» Des doutes s'étaient élevés sur la compétence des Conseils de préfecture, relativement

à la répression des usurpations commises sur les chemins vicinaux. On paraissait croire que l'attribution faite à ces tribunaux administratifs, par l'article 8 de la loi du 9 ventôse an XIII, avait cessé par l'effet de la nouvelle rédaction de l'article 479, nº 11, du Code pénal, tel qu'il a été rectifié par la loi du 28 avril 1832.

» Un conflit négatif, survenu entre un Conseil de préfecture et un tribunal de simple police, à l'occasion d'une simple usurpation sur un chemin vicinal, a porté au Conseil d'État l'examen de cette question de compétence; et, sur le rapport du comité de législation et de justice administrative, il y a été statué par une ordonnance royale du 23 juillet dernier, que vous trouverez à la suite de la présente circulaire.

» Voici ce qui résulte de cette ordonnance :

« Les Conseils de préfecture restent chargés
» de faire cesser les usurpations commises sur
» les chemins vicinaux, et les tribunaux de sim-
» ple police doivent, pour réprimer ces usurpa-
» tions, prononcer l'amende établie par l'article
» 479, nº 11, du nouveau Code pénal : toute
» constatation d'une usurpation sur un chemin
» vicinal doit ainsi recevoir une sanction pé-
» nale. »

» Je vous invite, monsieur le Préfet, à porter l'ordonnance dont il s'agit à la connaissance du

Conseil de préfecture et des Maires de votre département, et à en assurer l'exécution. A cet effet, vous devrez prescrire aux Maires de s'abstenir de saisir les tribunaux de simple police des procès-verbaux qu'ils rédigeront ou feront rédiger pour constater des usurpations sur le sol des chemins vicinaux ou des fossés qui en font partie; vous donnerez le même ordre aux agents voyers. Ces procès-verbaux devront vous être adressés, et vous en saisirez le Conseil de préfecture, pour être prononcé par lui ce que de droit, conformément à l'article 8 de la loi du 9 ventôse an XIII.

» Après la décision du Conseil de préfecture, vous enverrez le procès-verbal au fonctionnaire chargé du ministère public près du tribunal de simple police, afin d'obtenir la condamnation à l'amende portée par le Code pénal.

» Je suis persuadé, monsieur le Préfet, qu'en présence de dispositions si précises de l'ordonnance royale du 23 juillet 1838, aucun Conseil de préfecture ne refusera désormais de reconnaître sa compétence en matière d'usurpation sur les chemins vicinaux. Si cependant il en arrivait autrement, l'arrêté du Conseil de préfecture devrait être immédiatement déféré au Roi, en son Conseil d'État, et vous m'en enverriez une expédition, afin que je remplisse ce

devoir. Si, d'un autre côté, un tribunal de simple police refusait de prononcer l'amende, lorsque la contravention aurait été déclarée constante par le Conseil de préfecture, vous veilleriez à ce qu'il fût interjeté appel de ce jugement.

» Si enfin un tribunal de simple police, malgré les explications contenues dans l'ordonnance
royale du 23 juillet 1838, était saisi de l'attribution réservée aux Conseils de préfecture, il y
aurait lieu de revendiquer l'affaire pour l'autorité administrative. Toutefois, vous ne perdriez
pas de vue que le conflit ne peut être élevé devant les justices de paix : cette règle a été posée par plusieurs ordonnances royales rendues
en Conseil d'État, notamment celles des 4 avril
et 28 juin 1837. Si donc un tribunal de simple
police statuait sur l'usurpation elle-même, et si
ce jugement venait à votre connaissance, vous
veilleriez à ce qu'il fût interjeté appel devant
le tribunal de première instance ; et, cet appel
formé, vous élèveriez le conflit dans les formes
déterminées par l'ordonnance royale du 1er juin
1828 ; vous m'en donneriez avis aussitôt, en
m'adressant un rapport spécial sur l'affaire. »

(Suit la teneur de l'avis.)

« Louis-Philippe, Roi des Français, à tous présents et à venir, salut.

» Sur le rapport du comité de législation et de justice administrative ;

» Vu la lettre de notre Ministre de l'Intérieur, en date du 8 janvier 1838, enregistrée au secrétariat général de notre Conseil d'État, le 19 avril 1838, laquelle nous défère, en notre Conseil d'État, le règlement du conflit négatif résultant de la double déclaration d'incompétence rendue par le Conseil de préfecture du Lot et le Juge-de-Paix du canton de la Bastide (Lot), à l'occasion d'une *usurpation de chemins vicinaux* imputée aux sieurs Hébrard ;

» Vu le jugement du Juge-de-Paix du canton de la Bastide, en date du 13 juillet 1837 ;

» Vu l'arrêté du Conseil de préfecture du Lot, du 7 décembre 1837 ;

» Vu les autres pièces produites ;

» Ouï M. Marchand, maître des requêtes, remplissant les fonctions du ministère public ;

» Considérant, en fait, que, suivant procès-verbal du 24 février 1837, les sieurs Hébrard ont construit, sur un chemin public du village de Lagarrouste, un four qui en obstrue le passage ;

» Que, par sentence du 13 juillet 1837, le Juge-de-Paix du canton de la Bastide, devant lequel ils avaient été traduits en raison de cette contravention, s'est déclaré incompétent pour en connaître, et les a renvoyés devant la juridiction administrative ;

» Que le Conseil de préfecture du Lot, saisi à son tour aux fins dudit procès-verbal, s'est également déclaré incompétent, par arrêt du 7 décembre 1837;

» Considérant, en droit, que les contraventions aux dispositions de la loi du 9 ventôse an XIII, relatives aux usurpations commises sur les chemins vicinaux, doivent, aux termes de l'article 8 de la loi, être poursuivies devant les Conseils de préfecture ;

» Que la compétence établie par cette loi se rattache aux pouvoirs généraux qui appartiennent à l'autorité administrative, chargée d'assurer la libre circulation des citoyens et la viabilité publique ;

» Que cette compétence n'a été changée par aucune loi ;

» Que l'article 479 du Code pénal, n° 11, tel qu'il a été modifié par la loi du 28 avril 1832, s'est borné à reproduire la disposition de la loi du 6 octobre 1791, article 40, sans rapporter la loi du 9 ventôse an XIII, et dans le seul but de placer parmi les contraventions de simple police les infractions prévues par ledit article;

» Que l'article 479, n° 11, du Code pénal, doit se combiner avec la loi du 9 ventôse an XIII, en ce sens que les Conseils de préfecture sont chargés de faire cesser les usurpations commises sur les chemins vicinaux, et les juges de police de prononcer les amendes ;

» Que cette combinaison attribue à chaque autorité les pouvoirs qui lui appartiennent, en réservant à l'autorité administrative les mesures de conservation de la voie publique, et à l'autorité judiciaire l'application des pénalités ;

» Qu'il suit de ce qui précède que, dans l'espèce, c'est à tort que le Conseil de préfecture du Lot a refusé de statuer sur les mesures propres à faire cesser l'usurpation imputée aux frères Hébrard, et que le Juge-de-Paix du canton de la Bastide a refusé de prononcer, s'il y avait lieu, l'amende par eux encourue ;

» Notre Conseil d'État entendu,

» Nous avons ordonné et ordonnons ce qui suit :

» ART. 1er. L'arrêté du Conseil de préfecture du département du Lot, en date du 7 décembre 1837, est annulé dans l'intérêt de la loi, et la sentence du Juge-de-Paix du canton de la Bastide, du 13 juillet 1837, est considérée comme non avenue.

» 2. Notre Garde-des-Sceaux, Ministre Secrétaire d'État au département de la Justice et des Cultes, et notre Ministre Secrétaire d'État au département de l'Intérieur, sont chargés, chacun en ce qui le concerne, de l'exécution de la présente ordonnance.

» Approuvé le 23 juillet 1838. »

Jurisprudence du Conseil d'État sur les Chemins vicinaux.

1. La compétence attribuée à l'autorité administrative, par la loi du 9 ventôse an XIII, ne concerne que la délimitation des chemins vicinaux et la surveillance des plantations qui y ont lieu; mais aux tribunaux seuls appartient la répression des délits commis sur les chemins et sur leurs bords, tels que les fouilles et déplacements de terre qui pourraient gêner la circulation. (Arrêt du 15 janvier 1809.)

2. En matière d'anticipation faite sur un chemin vicinal dont la publicité est contestée, le Préfet a le provisoire. En conséquence, il a le droit d'ordonner que ce chemin sera rétabli dans son état primitif; cette décision ne préjudicie en rien sur la question de propriété. (16 mai 1810.)

3. L'usage d'un chemin litigieux doit être

provisoirement conservé à la Commune qui en est en possession, jusqu'à décision définitive sur la question de propriété. (16 mai 1810.)

4. En matière de chemins publics, le Préfet rend des décisions provisoires par mesure de voirie, mais elles ne font pas obstacle à ce que le Juge-de-Paix statue sur l'action possessoire, lorsque, sans contester la disposition de voirie, le propriétaire se borne à faire constater sa possession annale du terrain dont le Préfet lui interdit l'usage. (18 septembre 1813.)

5. Les Conseils de préfecture ne sont pas compétents pour décider la question de savoir si un chemin supprimé doit ou non être conservé pour cause d'utilité publique. C'est là un acte de pure administration qui appartient exclusivement au Préfet. (29 janvier 1814.)

6. La question de savoir si la propriété d'un particulier est passible de servitude et doit souffrir l'écoulement des eaux d'une rue qui existe dans la Commune et borde sa propriété, est une question judiciaire qui ne doit pas être décidée par un Conseil de préfecture, quelque trait qu'elle puisse avoir avec des règlements de voirie. (21 mars 1817.)

7. C'est aux Préfets seuls qu'il appartient de statuer sur la classification des chemins vicinaux, la reconnaissance de leurs anciennes li-

mites., et la fixation de leur largeur. (18 avril 1821.)

8. Les Préfets sont compétents pour mainte-nir provisoirement le public en jouissance des passages contestés entre une Commune et un particulier, jusqu'à la décision des tribunaux, sur la question de propriété. (18 juillet 1821.)

9. C'est devant le Ministre de l'Intérieur qu'on doit se pourvoir contre les arrêtés du Préfet, rendus sur des questions de vicinalité ; s'il s'agit de propriété, c'est devant les tribu-naux que les parties doivent porter leur action. (15 août 1821.)

10. Les Conseils de préfecture ne sont pas compétents pour statuer sur la classification des chemins vicinaux, ni sur les questions de pro-priété auxquelles cette classification peut don-ner lieu. (15 août 1821.)

11. Lorsqu'il n'existe pas d'état des chemins vicinaux dans une Commune, et que la pro-priété est contestée entre la Commune et un particulier, cette contestation n'est pas du res-sort du Conseil de préfecture. (24 oct. 1821.)

12. Les contestations auxquelles peut don-ner lieu le paiement des matériaux employés à la réparation des chemins vicinaux, ne sont pas du ressort de l'autorité administrative. (16 jan-vier 1822.)

13. S'il s'agit de remplacer ou de rétablir un chemin vicinal, c'est au Préfet seul qu'il appartient d'apprécier, à l'égard de ce changement, l'utilité communale, sous la réserve des droits des tiers à l'indemnité préalable. (1er mai 1822.)

14. Si le propriétaire d'une sablière et une Commune ne peuvent se concilier à raison de l'extraction du sable, pour l'entretien du chemin vicinal, la contestation doit être portée devant les tribunaux ordinaires. (4 juin 1823.)

15. Une ordonnance royale qui autorise le Maire d'une Commune à échanger avec un particulier un chemin vicinal, doit être considérée comme un acte d'administration inattaquable par la voie contentieuse. (24 décembre 1823.)

16. Lorsqu'un propriétaire ne conteste pas l'existence d'un chemin vicinal appartenant aux habitants d'une Commune, mais qu'il s'agit seulement de déterminer et régler sur quel point de sa propriété ce chemin doit passer, c'est au Préfet seul qu'appartient le droit d'en fixer la largeur et la direction. (7 avril 1824.)

17. Les Conseils de préfecture qui fixent la largeur d'un chemin vicinal, font un acte d'administration que la loi place dans la compétence exclusive des Préfets. (9 juin 1824.)

18. Les Préfets doivent s'abstenir de pro-

noncer sur les questions de propriété des chemins prétendus vicinaux. (2 février 1825.)

19. Un Préfet n'excède pas ses pouvoirs en
ordonnant le rétablissement provisoire dans son
ancien état, d'un chemin dont la vicinalité n'est
pas reconnue; en d'autres termes, l'action possessoire, relative au chemin en litige, doit être
portée devant l'autorité administrative. (16 février 1825.)

20. Les Conseils de préfecture sont incompétents pour annuler l'alignement donné par
un Maire. (21 mai 1825.)

21. Un Préfet est compétent pour autoriser
un particulier à construire un aquéduc sur un
chemin public, même sur une route royale,
sauf l'approbation du Ministre de l'Intérieur.
(20 juillet 1822, 4 août 1824, 26 octobre 1825.)

22. Lorsqu'un chemin n'est pas classé parmi
les chemins vicinaux, on ne peut lui appliquer
les lois et règlements relatifs à ces chemins.
(14 décembre 1825.)

23. Le Préfet peut, par mesure de police,
après qu'il a reconnu et déclaré la vicinalité du
chemin, ordonner l'enlèvement des barrières
établies pour le fermer. (1er mars 1826.)

24. Lorsque la vicinalité est irrévocablement
déclarée, les droits de propriété, s'ils sont reconnus, se résolvent en indemnité; le recours

au Ministre, contre la déclaration du Préfet, n'est pas suspensif de sa nature ; les décisions du Ministre sur la déclaration de vicinalité, sont susceptibles de recours devant le Conseil d'État, par la voie contentieuse. (1er mars 1826.)

25. Un arrêté du Préfet qui reconnaît et déclare la vicinalité d'un chemin, a pour effet de mettre le public immédiatement en jouissance, et de résoudre tous les droits des propriétaires du sol en un droit à indemnité. L'autorité judiciaire ne peut maintenir le propriétaire dans la jouissance du chemin, elle n'est compétente que pour statuer sur les questions de propriété et d'indemnité. (7 juin 1826.)

26. Le recours exercé contre l'arrêté déclaratif de vicinalité n'étant pas suspensif, n'empêche pas le Conseil de préfecture de prononcer (1). (15 novembre 1826.)

---

(1) Il en serait tout différemment si l'on avait établi un chemin vicinal, et que l'œuvre nouvelle eût précédé cet établissement. Il n'y aurait pas même lieu à poursuivre contre son auteur, que la Commune serait obligée d'indemniser des frais que lui aurait coûté cette innovation, puisqu'elle en deviendrait propriétaire, et qu'elle pourrait ensuite en faire ce que bon lui semble. (GARNIER, *Traité des Chemins*, 4e édition, page 413.)

8

27. L'arrêté du Préfet qui approuve l'état des chemins vicinaux d'une Commune, ne constitue qu'un acte administratif qui doit être déféré au Ministre de l'Intérieur avant d'être attaqué devant le Conseil d'État par la voie contentieuse. (16 mai 1827.)

28. Les contraventions aux règlements de petite voirie, concernant le défaut de planter sans autorisation, sont du ressort des tribunaux. (16 mai 1827.)

29. Les Conseils de Préfecture ne sont pas compétents pour connaître des contestations relatives à un chemin dont la vicinalité n'est pas reconnue. (24 octobre 1827.)

30. Lorsque le Préfet n'a pas prononcé sur la direction et la largeur du chemin, il y a lieu de surseoir à statuer sur l'arrêté du Conseil de préfecture, jusqu'à ce que la déclaration de vicinalité soit complétée conformément aux lois et règlements. (11 janvier 1828.)

31. Quand un chemin a été déclaré vicinal, les tribunaux ne sont saisis que de la question de propriété, et non de la question de jouissance du terrain sur lequel il a été établi. (6 février 1828.)

32. Lorsqu'il résulte de l'instruction administrative que le chemin en litige n'était pas anciennement vicinal, et que cependant il a été

reconnu classé comme tel par les arrêtés du Préfet, confirmés par décisions ministérielles, il y a lieu d'annuler ces actes administratifs. (6 mars 1828.)

33. L'arrêté du Préfet qui, sans préjuger la question de propriété déférée aux tribunaux, déclare vicinal un chemin litigieux, doit être attaqué devant le Ministre de l'Intérieur avant de pouvoir l'être devant le Conseil d'État. (2 avril 1828.)

34. L'arrêté par lequel un Préfet statuant en Conseil de préfecture, aux termes de la loi du 28 juillet 1824, a autorisé un échange de chemins vicinaux entre une Commune et un particulier, est un acte administratif qui n'est pas susceptible d'être déféré au Roi, en son Conseil d'État, par la voie contentieuse. (10 août 1828.)

35. Si la déclaration de vicinalité par le Préfet a été annulée par décision ministérielle, il y a lieu d'annuler un arrêté du Conseil de préfecture, basé sur l'arrêté du Préfet. (25 avril 1828.)

36. Les tribunaux sont seuls compétents pour statuer sur la propriété et l'usage des chemins non classés. (27 août 1828.)

37. La convenance administrative de l'utilité d'un chemin communal, ne peut donner

lieu à aucun recours par la voie contentieuse. (28 décembre 1828.)

38. Lorsqu'il s'agit d'un marché passé entre une Commune et des entrepreneurs, pour la réparation d'un chemin vicinal, les contestations qui peuvent en résulter sont du ressort des tribunaux. (18 février 1829.)

39. La déclaration de vicinalité ne préjuge pas les questions de propriété, mais elle n'est pas subordonnée au jugement de ces questions; en d'autres termes, le Préfet ne doit pas surseoir jusqu'à ce qu'il ait été statué par les tribunaux sur la propriété du sol du chemin. (14 mars 1829.)

40. Lorsqu'il s'agit d'opérer, par voie d'échange ou d'expropriation pour cause d'utilité publique, la réunion à un chemin vicinal d'un terrain dont la valeur n'excède pas trois mille francs, le Préfet est compétent pour autoriser cette réunion, aux termes de l'article 10 de la loi du 28 juillet 1824; par conséquent, l'arrêté de ce fonctionnaire ne peut être déféré directement au Conseil d'État; il doit être attaqué d'abord devant le Ministre de l'Intérieur, sauf à se pourvoir ensuite au Conseil d'État, contre la décision de ce dernier. (27 septembre 1829.)

41. Lorsqu'un chemin en litige n'était point inscrit sur le tableau des chemins vicinaux,

dressé en exécution de la loi du 9 ventôse
an XIII; que les nouveaux documents qui résultent de l'instruction de l'affaire ne suffisent
pas pour l'y faire comprendre, il y a lieu de
maintenir la décision du Ministre de l'Intérieur,
confirmative de l'arrêté du Préfet, qui retranche
le chemin du tableau. Dans le cas où la Commune aurait des droits à exercer sur le sol du
chemin, soit à titre de propriété, soit à titre de
servitude, la décision ministérielle ne met pas
obstacle à ce qu'elle les fasse valoir devant les
tribunaux, après s'y être fait autoriser préalablement par le Conseil de préfecture. (28 octobre 1829.)

42. Lorsqu'un particulier a changé la direction d'un chemin que la Commune soutient être
vicinal, et que le tableau des chemins vicinaux
n'a point encore été arrêté par le Préfet, ce
fonctionnaire n'est compétent que pour ordonner une enquête et prendre un arrêté sur la
vicinalité du chemin contesté; il doit se borner,
en attendant, à maintenir provisoirement et par
voie de police, le public en jouissance du chemin que ce particulier a fermé par des barrières. Il excède sa compétence, en ordonnant
le rétablissement d'un ancien chemin dont la
vicinalité n'a point encore été déclarée et reconnue. (6 janvier 1830.)

43. Toutes les fois qu'un chemin vicinal est habituellement ou temporairement dégradé par des exploitations de mines, de carrières, de forêts, ou de toute autre entreprise industrielle, les entrepreneurs ou propriétaires peuvent être obligés à des subventions particulières, lesquelles doivent, sur la demande des Communes, être réglées par les Conseils de préfecture, d'après des expertises contradictoires. Une enquête administrative, faite par ordre du Préfet, avant que le Conseil de préfecture ait été saisi de la contestation, ne peut remplacer l'expertise contradictoire. (21 avril 1830.)

44. Lorsque, par une décision du Ministre de l'Intérieur non attaquée, il a été déclaré que le chemin en litige n'était pas vicinal, les arrêtés du Conseil de préfecture qui l'avaient maintenu comme tel, doivent être considérés comme non avenus et annulés. (14 septembre 1830.)

45. L'arrêté par lequel un Préfet autorise l'échange d'un chemin vicinal, est un acte de tutelle administrative qui ne peut être attaqué au Conseil d'État, préjudicier aux droits des tiers, ni faire obstacle à ce que le règlement étranger audit échange fasse valoir devant les tribunaux, s'il s'y croit fondé, les droits de sortie et de vue qu'il prétend avoir sur l'ancien chemin. (11 novembre 1830.)

46. La question de savoir à qui des riverains ou des Communes appartiennent des arbres plantés sur les chemins vicinaux, ne peut être décidée que par les tribunaux (21 décembre 1808, 7 avril 1813, 25 décembre 1818), et, à plus forté raison, quand la question s'élève entre particuliers seulement. (15 septembre 1831.)

47. Les questions relatives à la propriété des arbres entre deux propriétaires riverains d'un chemin vicinal, sont du ressort des tribunaux ordinaires. (15 septembre 1831.)

48. Aux termes de l'article 7 de la loi du 28 juillet 1824, les subventions particulières que les Communes peuvent exiger des propriétaires ou entrepreneurs d'établissements industriels qui dégradent habituellement ou temporairement les chemins vicinaux pour l'exploitation de leurs usines, s'appliquent indistinctement aux établissements qui ont leur siége dans lesdites Communes, et à ceux qui sont situés sur un autre territoire. (28 octobre 1831.)

49. Lorsque des maîtres de forges dégradent les chemins vicinaux, ils doivent contribuer aux dépenses de réparation et d'entretien. (25 novembre 1831.)

50. C'est au Préfet qu'il appartient de déclarer si un chemin litigieux est vicinal, ou seulement d'exploitation. (20 février 1832.)

51. Lorsqu'il résulte de l'instruction que le chemin en litige se trouve compris dans l'état des chemins vicinaux de la Commune, mais qu'il est également établi que ledit chemin n'a pas encore été régulièrement déclaré vicinal par le Préfet, à qui il appartient d'en fixer la largeur et les limites, le Conseil de préfecture doit surseoir à statuer, jusqu'à ce que le Préfet ait prononcé sur la vicinalité. (3 mai 1832.)

52. La signification d'un arrêté du Conseil de préfecture, faite à la requête du Préfet, ne peut faire courir le délai du recours au Conseil d'État ; elle aurait dû être faite à la requête du Maire, puisqu'il s'agissait d'un chemin vicinal. (2 juin 1832.)

53. L'article 7 de la loi du 28 juillet 1824, en assujettissant le propriétaire des forêts, selon les circonstances, à des subventions envers les Communes dont ils dégradent les chemins, n'a pas restreint cette obligation aux propriétaires de forêts situées dans le territoire des Communes où se trouvent lesdits domaines. (29 juin 1832.)

54. La loi du 28 juillet 1824 a attribué aux Conseils de préfecture le règlement des subventions auxquelles les propriétaires d'usines peuvent être assujettis pour la réparation des chemins qu'ils dégradent. Ils ne peuvent se livrer

à l'examen des titres que font valoir les parties.
Aux termes de l'article 7 de la loi précitée,
toutes les fois qu'un chemin est habituellement
ou temporairement dégradé par une exploitation d'entreprise industrielle quelconque, il
peut y avoir lieu à obliger les propriétaires de
cette entreprise à des subventions particulières
qui doivent être, sur la demande des Communes intéressées, réglées par le Conseil de
préfecture, d'après une expertise contradictoire. Cette dernière formalité est de rigueur.
(20 juillet 1832.)

55. Lorsque l'identité d'un chemin déclaré
vicinal est contestée par le propriétaire riverain, il y a lieu de surseoir jusqu'à ce que le
Préfet ait déterminé l'emplacement dudit chemin. (9 août 1832.)

56. Si un chemin vicinal n'est pas régulièrement classé, si l'identité est contestée, la largeur et la direction mal fixées, lorsque le Conseil de préfecture ou le Conseil d'État prono-
cent, ils peuvent ou se déclarer incompétents,
ou ordonner, avant faire droit, qu'il sera procédé à la déclaration complète de vicinalité. Ils
se déterminent à l'un ou l'autre parti, suivant
les circonstances qui leur font présumer que la
vicinalité sera ou non reconnue, et que le riverain est ou non propriétaire. (1er novembre

8.

1826, 24 octobre 1827, 11 janvier 1829, 3 mai
et 19 août 1832.)

57. En matière de chemin vicinal, un arrêté pris par le Préfet, dans les limites de sa
compétence, ne peut être déféré au Conseil
d'État par la voie contentieuse. (23 novembre
1832.)

58. Les opérations auxquelles se livrent les
experts désignés par le Préfet, avant que le
Conseil de préfecture ait été saisi de la contestation, ne constituent qu'une enquête administrative qui ne saurait remplacer l'expertise contradictoire prescrite par la loi ; les propriétaires
d'usines, appelés à supporter leur part des frais
de réparation d'un chemin vicinal, doivent être
mis en demeure de s'entendre sur le choix de
l'expert, qui, conjointement avec celui de la
Commune, doit faire la répartition du montant
des dépenses entre tous les intéressés. (22 février 1833.)

59. L'arrêté par lequel un Maire, sans contester à un particulier la propriété d'un fossé
creusé près d'une place publique, en ordonne
cependant le comblement pour cause de sûreté
publique, est un acte de police municipale de
sa compétence, et qui ne peut être réformé par
l'autorité supérieure. (15 novembre 1831, 31
juillet, 5 novembre 1832, et 26 février 1833.)

60. Les propriétaires riverains des chemins vicinaux ont droit de vue, d'issue et de desserte sur ces chemins, de manière que les Communes ne peuvent disposer d'une partie desdits chemins et l'affermer, sous prétexte qu'ils sont trop larges. (25 avril 1833.)

61. Les Conseils de préfecture ne peuvent prononcer sur les contraventions en matière de chemins vicinaux, qu'autant que lesdits chemins ont été déclarés vicinaux par le Préfet, seul compétent à cet égard. (17 mai 1833.)

62. Lorsqu'un particulier a posé le long de son mur, sur un chemin, sans autorisation, des bornes qui en restreignent la largeur, il doit être condamné à les enlever. La question de savoir s'il est possible de placer des bornes qui, par leurs dimensions, ne puissent nuire à la circulation, n'est pas de nature à être présentée par la voie contentieuse. (11 octobre 1833.)

63. C'est à l'administration et non aux tribunaux qu'appartient la connaissance des demandes en dommages-intérêts résultant des torts et dommages occasionés par un entrepreneur des travaux publics. (9 novembre 1833.)

64. La question de savoir s'il y a lieu de supprimer comme inutile un chemin vicinal, ne peut être déférée au Roi en son Conseil d'État par la voie contentieuse. Les actes admi-

nistratifs qui ont déclaré le chemin vicinal, ne font pas obstacle à ce qu'un particulier, qui se prétend propriétaire du sol, fasse valoir ses droits devant les tribunaux. (14 novembre 1833.)

65. Pour décider si les frais de pavage des villes sont à la charge des propriétaires riverains, il ne faut s'arrêter qu'aux usages de chaque localité ; l'autorité administrative est compétente pour reconnaître et déclarer l'existence de ces usages.

Le propriétaire riverain qui s'est pourvu devant le Conseil d'État contre l'arrêté qui l'a soumis à la contribution des frais de pavage, ne peut présenter, pour la première fois, devant ce Conseil, une demande relative au dommage que le pavage lui a occasioné.

La charge du pavage doit peser sur le propriétaire apparent, sauf son recours contre le véritable propriétaire. (4 janvier 1834.)

66. L'entrepreneur des travaux publics pour le compte duquel a été établie une régie provisoire, doit profiter des bénéfices qu'elle a donnés, comme il aurait dû supporter les pertes qu'elle aurait pu entraîner.

Un créancier de l'entrepreneur n'a pas qualité pour demander, comme exerçant les droits de son débiteur, communication de la liquidation de l'entreprise, et pour réclamer du Conseil de préfecture l'allocation des bénéfices. (15 février 1834.)

67. Un bac qui se trouve sur la ligne d'un chemin vicinal peut être considéré par le Préfet comme la continuation de ce chemin en faisant partie, et, par conséquent, ce fonctionnaire, en prenant des mesures pour l'entretien du bac, ne fait que remplir un devoir et se conformer aux règles de la compétence en matière de chemins vicinaux. (7 mars 1834.)

68. Lorsqu'un établissement de bains n'est pas de nature, par son exploitation, à dégrader habituellement ou temporairement un chemin vicinal, il n'y a pas lieu de faire contribuer aux réparations d'entretien du chemin le propriétaire de l'établissement; il en pourrait arriver autrement si l'état des choses venait à changer. (30 mai 1834.)

69. Les membres du Conseil municipal sont sans qualité pour se pourvoir contre un arrêté du Conseil de préfecture qui accorde une autorisation de plaider. (4 juillet 1834.)

70. Le Préfet n'excède pas ses pouvoirs en procédant à la reconnaissance des anciennes limites d'un chemin vicinal, conformément aux lois et à une ordonnance interlocutoire rendue à ce sujet.

Lorsqu'il résulte des documents de l'affaire

que les anciennes limites ont été exactement reconnues, il y a lieu, par le Conseil d'État, de maintenir l'opération du Préfet.

L'arrêté du Conseil de préfecture qui réprime un empiètement sur la voie publique, ne fait pas obstacle à ce que les tribunaux prononcent sur la question de propriété soulevée par le réclamant. (18 juillet 1834.)

71. Aux termes de l'article 4 de la loi du 28 pluviôse an VIII, c'est aux Conseils de préfecture qu'il appartient de prononcer sur les réclamations des particuliers qui se plaignent des torts et dommages procédant du fait des entrepreneurs de travaux publics. (25 juillet 1834.)

72. Le Conseil de préfecture ne peut revenir, au sujet d'une demande en autorisation de plaider, sur des questions déjà jugées par ordonnance royale.

L'adversaire d'une Commune ne peut être compris parmi les membres de la commission des propriétaires les plus imposés, qui doit nommer les syndics chargés de représenter la section. (25 juillet 1834.)

73. On ne peut opposer une fin de non-recevoir tirée de la tardivité du pourvoi, lorsqu'il n'est pas justifié d'une signification régulière de la décision attaquée.

Lorsqu'il s'agit d'un alignement par suite

de l'exécution d'un plan général ou partiel, l'homolagation du plan, l'examen des oppositions et des contestations, ne peuvent avoir lieu qu'en Conseil d'État, sur le rapport du Ministre de l'Intérieur. (25 juillet 1834.)

74. Lorsqu'un arrêté du Maire, en matière de petite voirie, a servi de base à des jugements de simple police ou de police correctionnelle déjà en force de chose jugée, le Préfet et le Ministre doivent repousser, comme non-recevables, les réclamations portées contre l'arrêté. (25 septembre 1834.)

75. Une ordonnance royale, portant rectification de plan des alignements d'une ville, est un acte purement administratif, qui n'est pas de nature à être attaqué par voie contentieuse.

L'ordonnance ne fait pas obstacle à ce qu'il soit statué par les tribunaux sur les questions de propriété et de servitudes relatives au terrain en litige. (25 septembre 1834.)

76. Lorsqu'il résulte de l'instruction qu'un propriétaire dégrade habituellement un chemin vicinal pour l'exploitation de ses bois, et que sa quote-part dans les frais de réparation a été établie d'une manière juste et équitable, il y a lieu de rejeter son pourvoi. (14 novembre 1834.)

77. Un propriétaire de forges, qui, par une

expertise contradictoire, a été reconnu en principe devoir contribuer aux réparations d'un chemin vicinal pour une portion déterminée, ne peut attaquer le devis des travaux faits postérieurement, et demander une nouvelle expertise contradictoire. Il ne peut attaquer l'adjudication des travaux sous le prétexte que l'adjudicataire étant membre du Conseil municipal, serait par conséquent incapable, aux termes de l'article 1596 du Code civil. (12 décembre 1834.)

78. La servitude imposée par les lois de voiries, de consolider les bâtiments riverains de la voirie publique, ne s'applique pas à toutes les parties des constructions que les plans d'alignement assujettissent au reculement, mais seulement au mur de face. (12 décembre 1834.)

79. Les parties adverses des Communes ou sections de Communes sont sans qualité pour attaquer devant les Conseils de préfecture, par voie de tierce-opposition, ou devant le Conseil d'État, par voie de recours, les arrêtés qui ont accordé l'autorisation de plaider à ces Communes ou sections de Communes....., fût-ce même pour prétendu défaut de qualité d'un syndic désigné pour représenter une section de Commune. (3 février 1835.)

80. Dans les villes dont les plans n'ont pas été arrêtés en Conseil d'État, en exécution de

la loi du 16 septembre 1807, les alignements provisoirement donnés par les Maires, avec permission d'avancer sur la voie publique, ne peuvent emporter de plein droit, au profit des riverains, cession du terrain ainsi détaché de la voie publique.

L'aliénation ne peut avoir lieu que suivant les formes voulues par les lois, pour l'aliénation des propriétés communales.

La délibération du Conseil municipal, s'il est d'avis de concéder le terrain, n'est qu'un simple vote formant le premier degré de l'instruction nécessaire; pour parvenir à l'aliénation, elle ne peut constituer un droit définitif au profit du riverain. (10 février 1835.)

81. L'autorité administrative est seule compétente pour connaître des actes d'un Maire, relatifs à l'entretien d'un chemin vicinal; mais s'il résulte de ces actes dommage ou lésion pour un propriétaire riverain, c'est devant les tribunaux civils que doit être portée la demande en indemnité. (6 mars 1835.)

82. Toutes les fois qu'un chemin est habituellement ou temporairement dégradé par l'exploitation d'un établissement industriel, il y a lieu d'obliger l'entrepreneur ou propriétaire à des subventions particulières. Elles peuvent être réclamées par une Commune autre que celle de

la situation. Elles peuvent l'être même contre le propriétaire d'un moulin. (19 mai 1835.)

Dans cette affaire, le défendeur à la subvention opposait : 1° que son usine n'était pas située dans la Commune demanderesse, et qu'il ne pouvait être, en aucun cas, tenu qu'envers la Commune de la situation ; 2° que le chemin n'était pas dégradé par son propre fait et par ses voitures, mais bien par le fait et les voitures des habitants qui apportaient leur blé à son moulin. Ce sont ces deux objections contre lesquelles a protesté l'arrêt du Conseil d'État qui précède.

83. Toutes les fois qu'un chemin est habituellement ou temporairement dégradé par l'exploitation d'un établissement industriel, il peut y avoir lieu à obliger l'entrepreneur ou propriétaire à des subventions particulières, lorsque ce propriétaire a acquiescé à l'arrêté qui a nommé les experts en se présentant à l'expertise ; il ne sera pas fondé à l'attaquer sous prétexte que l'arrêté ne lui a pas été signifié, et que les experts n'ont pas prêté serment devant le Juge-de-Paix. (19 mai 1835.)

84. Lorsqu'un particulier prétend avoir des droits à la propriété d'un chemin, non en vertu d'un partage, mais par l'effet d'un échange qu'il soutient avoir été convenu avec le Maire et exécuté, la question relative à la validité dudit

échange est du ressort des tribunaux. (28 mai 1835.)

85. Le droit accordé aux Communes de faire taxer les propriétaires ou entrepreneurs d'établissements qui dégradent les chemins, et d'imposer des subventions particulières pour la réparation desdits chemins, n'est pas restreint au cas où les ressources des Communes seraient épuisées. On ne peut mettre à la charge de l'entrepreneur une subvention fixe et annuelle. (25 août 1835.)

86. Les contestations qui peuvent s'élever entre une Commune et des particuliers, au sujet des frais de pavage des rues, sont du ressort de l'autorité administrative. (26 août 1835.)

87. Dans tous les cas où des autorisations d'alignements sont exigées avant la confection des travaux ou réparations, elles doivent être données par écrit; on allèguerait en vain qu'elles ont eu lieu verbalement, le juge ne devrait pas s'y arrêter, ni en ordonner la preuve. Il devrait condamner sur-le-champ le contrevenant. (20 octobre 1835).

88. Lorsqu'un chemin vicinal est dégradé par l'exploitation d'une forêt de l'État, l'administration forestière est tenue de subvenir aux frais de réparation; elle n'est pas fondée, dans le cas où le chemin est aussi dégradé par son fait, à réclamer l'application de l'art. 8 de la loi du 28

juillet 1824, qui établit une contribution et non une subvention (1). Le droit ouvert aux Communes doit être exercé par elles contre les propriétaires des forêts dont l'exploitation dégrade les chemins vicinaux; sauf, s'il y a lieu, le recours de ces propriétaires contre les adjudicataires de ces coupes de bois. (21 octobre 1835.)

89. Lorsque la largeur et la direction d'un chemin vicinal ne sont pas déterminées, il y a lieu de surseoir à statuer jusqu'à ce que le Préfet ait fait rechercher et reconnaître les limites du chemin. (28 mai et 23 décembre 1835.)

90. C'est au Préfet qu'il appartient de déclarer la vicinalité des chemins ou sentiers publics, d'en déterminer la direction et les limites; le Préfet est également seul compétent pour rectifier un état de chemins vicinaux approuvé par lui; les arrêtés pris par le Préfet ne font pas obstacle à ce que la partie intéressée porte devant les tribunaux compétents, toutes les questions de propriété ou d'indemnité relatives aux sentiers en litige. (23 décembre 1835.)

91. Le Préfet commet un excès de pouvoir en refusant de soumettre au Conseil de préfecture

---

(1) Transporté et modifié dans la loi du 21 mai 1856. (*Voir* article 13.)

la demande d'une Commune en autorisation de plaider. (23 décembre 1835.)

92. Le Préfet est compétent sur la demande d'un particulier ou d'une Commune, tendant à la rectification du tableau des chemins vicinaux, soit de classement, soit de réduction ou d'augmentation de largeur, de changement de direction ou de limites. (23 décembre 1835.)

93. Le Conseil de préfecture n'est pas compétent pour statuer sur les demandes en interprétation des arrêtés pris par le Préfet, pour le classement des chemins vicinaux.

94. C'est au Préfet qu'il appartient de statuer, sauf le recours devant le Ministre de l'Intérieur. (9 mars 1836.)

95. Le Conseil de préfecture est incompétent pour prononcer sur le point de savoir si un chemin litigieux est ou non compris dans l'état des chemins vicinaux arrêtés par le Préfet. C'est là une question d'interprétation de l'arrêté de classement qui appartient au Préfet. (9 mars 1836.)

96. L'art. 5 de la loi du 16 septembre 1807, qui veut que la valeur des matériaux nécessaires aux chemins, extraits des carrières particulières déjà en exploitation, soit payée aux propriétaires, est applicable même au cas où l'exploitation ne serait pas régulière et actuelle. (7 juin 1836.)

97. Le particulier qui a reçu, sans réserve, une indemnité pour des dommages éprouvés par suite de travaux publics, dans une ou plusieurs années déterminées, est non-recevable à demander ultérieurement une indemnité pour les dommages que les mêmes travaux lui auraient causés dans les années antérieures. (20 juillet 1836.)

98. La déclaration de vicinalité d'un chemin déjà existant, n'est pas assujettie aux formalités prescrites par la loi du 7 juillet 1833 sur l'expropriation pour cause d'utilité publique. Il n'y aurait lieu d'observer ces formalités qu'autant qu'il s'agirait de créer un nouveau chemin, ou de changer le tracé d'un chemin ancien.

Les Préfets ne sont pas tenus, pour la reconnaissance et le classement des chemins vicinaux, de faire préalablement publier et afficher les tableaux de ces chemins. (11 août 1836.)

99. Les experts nommés pour donner leur avis sur la quotité des subventions à payer par les propriétaires des forêts, usines et autres établissements qui dégradent les chemins vicinaux, doivent prêter serment, à peine de nullité ; cette formalité est substantielle. (23 août 1836.)

100. L'arrêté du Préfet qui classe ou maintient un chemin parmi les chemins vicinaux, est un

acte purement administratif, qui ne peut être
déféré par la Commune au Conseil d'État par la
voie contentieuse, sur le motif que le chemin
lui est inutile, et qu'il entraînerait des frais
pour son entretien et pour indemnité de terrain.
(23 août 1836.)

101. Le règlement de l'indemnité réclamée
par le propriétaire d'un terrain sur lequel l'administration a fait pratiquer, pour l'écoulement
les eaux d'une route, une crique ou rigole qui
loit rester ouverte indéfiniment, est de la com-
)étence de l'autorité judiciaire. (5 septembre
1836.)

102. L'arrêté du Préfet approuvant un aligne-
nent donné par le Maire, ne peut être déféré
ju'au Conseil d'État, et non au Ministre de l'In-
érieur. (4 novembre 1836.)

103. Le droit de suivre les actions qui inté-
essent une Commune, appartient exclusive-
ıent, en cas d'empêchement du Maire et de
es adjoints, au premier conseiller municipal
on empêché, dans l'ordre du tableau; le Conseil
ıunicipal ne peut lui substituer un autre de ses
ıembres. (22 novembre 1836.)

104. Il n'est pas nécessaire, pour la recon-
aissance et le classement des chemins vicinaux,
appeler aux délibérations du Conseil munici-
ıl les propriétaires opposants. Ce classement

n'est pas subordonné au jugement des questions
de propriété qui pourraient être soulevées par
des propriétaires riverains, mais il ne les préjuge aucunement. (11 janvier 1837.)

105. Les rues qui sont la prolongation des
chemins de grande communication dans la traverse des Communes, doivent être considérées
comme partie intégrante de ces chemins, et sont
soumises aux mêmes règles. (Avis du Conseil
d'État, 18 janvier 1837.)

106. Les arrêtés des Conseils de préfecture
portant autorisation aux Communes de plaider,
ne sont que des actes de simple tutelle administrative, dont il ne peut, par suite, résulter
autorité de la chose jugée.

Les arrêtés qui refusent autorisation aux Communes pour plaider, ne sont pas susceptibles,
en ce qui touche au fond, de recours par la voie
contentieuse devant le Conseil d'État. (Arrêt
du 2 mai 1837.)

107. Les termes de la loi sur l'imposition extraordinaire sont nécessairement exceptionnels
et limitatifs ; ils ne comprennent pas les entrepreneurs de travaux publics qui auraient dégradé les chemins vicinaux par leurs voitures
employées aux réparations des routes royales.
(24 avril 1837.)

108. L'administration municipale peut-elle

dresser un rôle de prestation en nature pour des travaux qui ont tout à la fois pour but le rétablissement ou la conservation des voies vicinales, et la défense des propriétés riveraines d'un cours d'eau, lorsque ces travaux ne forment dans leur ensemble qu'une opération? (Résolu affirmativement.)

Si des particuliers forment opposition au rôle des prestations en nature, sous prétexte que les travaux, loin de leur profiter, mettent leurs propriétés en péril, et que d'ailleurs ce n'était pas le cas de recourir à ces prestations, le Conseil de préfecture est-il compétent pour prononcer sur l'opposition? (Rés. aff.)

Si les réclamants sont suffisamment intéressés aux travaux pour lesquels le rôle des prestations en nature a été dressé, le Conseil de préfecture fait-il une juste application des règles de la matière, en rejetant les oppositions? (Rés. aff. — 19 novembre 1837.)

109. Une administration de messagerie qui possède, dans une Commune, un établissement dirigé par un préposé, doit la prestation pour l'entretien des chemins vicinaux, à raison des personnes, chevaux et voitures qu'elle emploie dans cet établissement. (11 juin 1838.)

110. Les maîtres de poste ne sont pas soumis à la prestation pour l'entretien des chemins vi-

cinaux, à raison des chevaux qu'ils doivent tenir disponibles pour le service des relais, ni à
raison des postillons titulaires qu'ils emploient.
(27 juin 1838.)

Jurisprudence de la Cour de Cassation sur les Chemins vicinaux.

1. En décidant qu'un mur construit sur un
terrain Communal servant de passage, ne nuit
pas à la voie publique, un tribunal de police
s'immisce dans l'administration de la voirie, qui
n'appartient qu'aux corps administratifs. (Arrêt
du 22 pluviôse an VII.)

2. Celui qui a fait, sur la voie publique, des
constructions en contravention aux règlements,
doit être condamné à l'amende. (11 messidor
an VII.)

3. S'il est constaté, par un procès-verbal non
contredit, que des particuliers ont embarrassé la
voie publique, le tribunal ne doit pas se borner
à leur enjoindre de rendre la voie publique libre
dans un délai déterminé, il doit les condamner
à l'amende. (11 messidor an VII.)

4. La question de savoir si un chemin est
dans la classe de ceux qui doivent être entretenus aux frais du trésor public, ou de ceux dont

l'entretien est à la charge des Communes, ne peut être décidée par le tribunal de police; elle doit être renvoyée à l'examen de l'autorité administrative. (14 thermidor an XIII.)

5. La question de savoir si le remplacement d'un chemin ancien qu'un particulier est autorisé à faire par un autre pris sur ses propriétés propres, a été fait selon le vœu de l'arrêté administratif, et si les prétendants à l'ancien chemin retrouvent les mêmes avantages dans le nouveau, doit être résolue par l'autorité administrative; le tribunal de police ne peut en connaître. (15 octobre 1807.)

6. Un tribunal compétent peut autoriser définitivement sur une question d'usurpation d'un chemin, mais ne peut en ordonner le rétablisssement provisoire. (9 février 1808.)

7. L'action reprochée à un individu, d'avoir enclavé dans sa basse-cour une partie du chemin public, est un délit rural prescriptible, comme tous les délits de cette nature, par un mois de non-poursuite. (12 août 1808.)

8. Les amendes ne peuvent être remises ni modérées par les tribunaux; ce droit appartient aux administrateurs. (30 mai 1809.)

9. Il est expressément défendu aux juges de modérer les amendes, et, à plus forte raison, de ne pas les prononcer, même lorsque les préve-

nus peuvent se prévaloir de bonne foi. Il en est
de même des confiscations. (11 juin 1813.)

10. En matière de contraventions aux lois
fiscales, comme dans toutes les autres matières,
les amendes ont un caractère pénal, et l'action
s'en éteint par le décès du contrevenant, lorsqu'il a lieu avant que la condamnation en ait
été prononcée. (9 décembre 1813.)

11. Les chemins vicinaux sont des voies publiques, et les règlements sur tout ce qui concerne la sûreté et la commodité du passage dans
ces chemins, sont des règlements de petite voirie, faits dans l'exercice légal des fonctions municipales. Les Préfets ont le pouvoir de prescrire
des règles sur les mêmes objets. L'inobservation
de leurs arrêtés est une contravention punissa-
ble aux termes des lois, encore que ces arrêtés
ne prononcent eux-mêmes aucune peine à cet
égard. (7 février 1824.)

12. Il n'appartient qu'au Gouvernement et à
l'administration de remettre ou de modérer l'a-
mende en considération des circonstances, telles
que le défaut d'intérêt et la bonne foi du prévenu. (16 juin 1826.)

13. Lorsque l'autorité administrative s'est déclarée incompétente pour connaître d'une anticipation commise sur un chemin qu'elle a reconnu n'être point vicinal, les tribunaux devant

qui la contestation est portée par un ou plusieurs riverains, dans leur intérêt privé, ne peuvent déclarer la demande non-recevable. (26 février 1827.)

14. Il ne suffit pas qu'un chemin ait caractère de chemin public pour que la répression d'une anticipation sur ce chemin doive être réservée à l'administration ; si le chemin n'appartient pas à la grande voirie, quoique ce soit un chemin public, la répression de l'anticipation doit être soumise aux tribunaux. (7 avril 1827.)

15. Les chemins publics et les voies publiques sont deux choses différentes dans le sens des lois qui punissent les entreprises qui y sont commises. Par voies publiques, on doit entendre les rues, places et carrefours des villes et villages. Les chemins publics s'entendent des communications qui conduisent de ville en ville, et qui servent, hors de l'enceinte des Communes, à l'exploitation des propriétés rurales. (15 février 1828.)

16. Lorsque le prévenu d'avoir embarrassé la voie publique, soutient que le chemin dont il s'agit n'est point un chemin public, mais un simple chemin de desserte, le tribunal de police ne peut prononcer sur la contravention avant qu'il ait été statué sur cette exception par les tribunaux compétents. (17 mars 1828.)

17. La réclamation portée devant l'autorité administrative, sur un arrêté du Maire rendu sur une matière de sa compétence, n'en suspend point l'exécution. Les tribunaux sont obligés d'appliquer les arrêtés des Maires, quoiqu'ils n'aient pas encore été approuvés par les Préfets, et jusqu'à ce qu'ils aient été réformés par ces magistrats ou par le Ministre. (Loi du 22 juillet 1791, titre Ier, art. 46. Ainsi décidé par arrêts de la cour de cassation des 16 juin 1807, 1er février 1822, 26 juillet 1827, 18 janvier et 9 mai 1828.)

« Cependant le Conseil d'État use souvent » d'indulgence lorsqu'il n'y a pas anticipation, » dégradation ou consolidation, que tout se ré- » duit à un défaut d'autorisation préalable d'exé- » cuter les travaux qui eussent été permis. Il » les laisse subsister, en se bornant à prononcer » une amende; mais les tribunaux ordinaires ne » peuvent pas agir de même, et sont obligés » d'appliquer les deux peines d'amende et de » démolition cumulativement, parce que les lois » et les règlements les prononcent pour le seul » fait de construction non-autorisée. C'est ce » qu'a décidé la cour de cassation par plusieurs » arrêts, et notamment par celui du 25 juin » 1836, rendu sur le pourvoi du ministère pu- » blic contre Kœchlin-Dolfue. » (GARNIER, *Supplément au Traité des Chemins, pages 144 et 145.*)

18. Ce n'est point à l'autorité administrative, mais aux tribunaux, qu'il appartient de prononcer sur les faits d'usurpation sur la largeur des chemins publics. (20 février 1829.)

19. Il appartient à l'autorité administrative de faire rechercher et reconnaître les anciennes limites des chemins vicinaux ; cette reconnaissance ne fait pas obstacle à ce que les parties intéressées portent devant les tribunaux les questions de propriété qui peuvent en résulter. (19 mars 1829.)

20. Les embarras commis sur les chemins publics, dans les campagnes, de même que les détériorations ou anticipations sur ces chemins, constituent des délits ruraux que les gardes-champêtres ont qualité pour constater. (24 avril 1829.)

21. En matière de petite voirie, la restitution et les dommages-intérêts ne sont que la destruction des ouvrages qui ont été construits au mépris des règlements. Les tribunaux ne peuvent donc se dispenser d'ordonner la démolition des ouvrages. (26 mars 1830.)

22. Lorsque le défendeur à une action possessoire intentée par un particulier, oppose que le terrain litigieux fait partie d'un chemin vicinal, le Juge-de-Paix doit surseoir à toute décision jusqu'à ce qu'il ait été prononcé sur la

vicinalité du chemin par l'autorité administrative. Il ne peut d'hors et déjà se déclarer incompétent et se saisir ainsi du fond de la question. (31 juillet 1832.)

23. Celui qui fait une construction sans avoir
obtenu un alignement, lorsqu'il y est obligé, ou
qui ne s'est pas conformé à l'alignement qui
lui a été donné, doit être condamné à une
amende de un à cinq francs, et en outre à la
démolition, qui, en cette matière, est considérée
comme réparation du dommage.

Le tribunal de simple police est compétent
pour prononcer l'une et l'autre condamnation. (29 septembre 1820, 22 mars et 12 avril
1822, 26 mars et 17 juin 1830, 10 septembre
1831, et 10 octobre 1832.)

24. Une Commune condamnée par un premier jugement, peut, sans y être autorisée, si-
gnifier qu'elle en appelle, parce que cet acte
est purement conservatoire. (20 mars 1827,
10 juillet 1828, et 14 novembre 1832.)

25. L'arrêté par lequel un Maire enjoint à
une partie de démolir un auvent qui fait saillie
sur la rue et nuit à la circulation, rentre dans
les attributions de l'autorité municipale, et les
tribunaux ne peuvent, en conséquence, se dispenser de punir les contrevenants. (9 février
1833.)

26. Le fait seul d'avoir déposé sur la voie publique des décombres qui n'ont pas été éclairés pendant la nuit, constitue la contravention prévue par l'article 471, n° 4, du Code pénal, et rend le contrevenant personnellement passible des peines portées par cet article, alors même que ces décombres proviendraient de bâtiments qui ne lui appartiendraient pas. Il y a lieu, en conséquence, de casser un jugement du tribunal de police, qui, se fondant sur ce motif, a relaxé le prévenu. (23 mai 1833.)

27. La sommation que l'administration fait à un propriétaire, d'avoir à démolir, sans délai, un pignon de sa maison, par mesure de sûreté publique, est valablement notifiée à ce propriétaire dans la personne de son *mandataire,* surtout si ce mandataire l'a déjà représenté lors de la visite du pignon. Il n'est pas nécessaire que la sommation soit faite au domicile réel du propriétaire. La signification pourrait également être faite, dans le cas où le propriétaire ne serait pas domicilié sur les lieux, dans la personne, soit du principal locataire, soit de l'un des locataires. (30 août 1833.)

28. L'arrêté par lequel le Préfet de Police (ou un Maire) ordonne la suppression d'une échoppe qui gêne la voie publique, est pris dans les limites de ses attributions, tant que

cet arrêté n'a pas été rapporté par l'autorité supérieure; le tribunal de simple police doit en ordonner l'exécution, et ne peut se dispenser de punir les contrevenants, sous prétexte que l'échoppe ne gêne pas la voie publique. (27 septembre 1833.)

29. Le Juge-de-Paix est compétent pour connaître d'une action possessoire, alors même que le terrain litigieux serait un chemin vicinal. La vicinalité ne change rien à la compétence des tribunaux pour connaître des questions de possession et de propriété qui s'y rattachent. (4 décembre 1833.)

30. Lorsque l'exécution d'un arrêté du Conseil de préfecture est de nature à causer à la partie condamnée un préjudice irréparable, qu'il ordonne, par exemple, la destruction d'une haie prétendue plantée sur la voie publique, en cas de pourvoi devant le Conseil d'État pour incompétence et mal jugé au fond, il y a lieu de surseoir à l'exécution de cet arrêté. (28 décembre 1833.)

31. Le tribunal de police, en condamnant un prévenu à l'amende pour avoir construit sur la voie publique sans autorisation, doit en même temps ordonner la démolition des constructions. (24 janvier 1833.)

32. Le seul fait de construction sur la voie

publique, sans avoir préalablement demandé l'autorisation, est une contravention que le tribunal de police doit réprimer, et sur laquelle il ne peut surseoir jusqu'à ce qu'il ait été décidé si le contrevenant avait ou non le droit de bâtir sur le lieu où il a élevé sa construction. Cette question ne peut servir de fondement à une exception préjudicielle. (28 février 1834.)

33. L'adjoint au Maire peut valablement, en l'absence de ce dernier, viser l'original d'un exploit signifié à la Commune. (8 mars 1834.)

Malgré la jurisprudence à peu près constante des tribunaux et des cours royales, la cour de cassation avait jusqu'à présent toujours prononcé en sens contraire. Cet arrêt important mettra fin à cette fâcheuse divergence d'opinions.

34. Lorsqu'à défaut de présence à leurs domiciles des Maires de plusieurs Communes assignées, l'exploit est visé par le Juge-de-Paix, il faut, à peine de nullité, laisser à ce magistrat autant de copies qu'il y a de Communes assignées.

Les Communes n'ont pas besoin d'autorisation pour défendre à une demande en péremption d'instance formée contre elles. (26 mars 1834.)

35. Il suffit, pour constater la publicité des

séances du jury en matière d'expropriation pour cause d'utilité publique, que le jugement fasse mention que l'instruction a eu lieu dans le local des séances. Les opérations du juré désigné pour faire la vérification et l'appréciation de l'immeuble exproprié, ne sont pas soumises aux règles ordinaires des expertises. Le président du jury est censé régulièrement nommé, lorsqu'il prononce et signe la déclaration comme chef, sans aucune réclamation de ses collègues.

Les formalités du Code d'instruction criminelle, sur la position des questions et la forme de la déclaration du jury, ne sont pas applicables à la matière spéciale des expropriations pour cause d'utilité publique. (30 juin 1834.)

36. Les fonctions du ministère public près le tribunal de police du Juge-de-Paix ne peuvent être remplies, en cas d'empêchement du Maire et de l'adjoint de la Commune, par un membre du conseil municipal, comme cela a lieu devant le tribunal de police du Maire; elles ne peuvent, dans ce cas, être remplies que par le Maire ou l'adjoint d'une autre Commune du canton, désigné par le Procureur général. (9 août 1834.)

37. Tout jugement du tribunal de police qui prononce une réparation civile d'une valeur indéterminée, est susceptible d'appel. Ainsi,

l'appel du jugement qui ordonne un enlèvement de matériaux ne peut être déclaré non-
recevable, sous prétexte que les frais de cet
enlèvement, accumulés avec l'amende, ne dépassent pas cinq francs. (29 janvier 1835.)

38. La règle de l'article 182 du Code fores-
tier, qui ne permet aux juges de répression en
matière forestière d'admettre la question préjudicielle de propriété comme motif de sursis,
qu'autant qu'elle est fondée sur un titre apparent ou sur des faits de possession équivalents
et de nature à ôter au fait incriminé tout caractère de délit, embrasse toutes les matières qui
sont susceptibles de son application, notamment
les matières de petite voirie. (19 mars 1835.)

39. Lorsqu'un chemin public a été envahi
ou détruit par une rivière ou par toute autre
force majeure, un nouveau chemin doit être
fourni par les propriétaires voisins. Dans ce cas,
le propriétaire sur le terrain duquel est pris le
nouveau chemin, a droit à une indemnité ; mais
s'il s'agit d'un chemin communal, elle ne peut
être réclamée que contre la Commune. Le propriétaire exproprié ne peut s'adresser à ceux
des habitants auxquels le chemin paraît le plus
nécessaire, ni agir contre eux par voie d'action
en revendication du terrain qui lui a été enlevé.
(11 juin 1835.)

40. Lorsqu'un particulier se plaint que des travaux nouvellement entrepris par un autre particulier, sur un chemin prétendu vicinal, ont pour effet de détourner les eaux, il peut porter son action devant les tribunaux, par voie de complainte. Les tribunaux ne peuvent, dans ce cas, se déclarer incompétents et renvoyer devant l'autorité administrative, sous prétexte que l'action possessoire devant eux aurait pour résultat de les appeler à statuer sur des dégradations ou empiètements commis sur un chemin vicinal. (22 juin 1835.)

41. C'est à celui qui est poursuivi pour usurpation d'un chemin vicinal et qui oppose l'exception préjudicielle de propriété, à prouver qu'il est propriétaire. La preuve de propriété ne peut être mise à la charge de la Commune ou du ministère public. (25 septembre 1835.)

42. La dégradation d'un chemin public provenant du fait d'y avoir déversé les eaux d'un ruisseau pour arroser des prairies situées au-delà de ce chemin, constitue la contravention prévue et punie par le n° 11 de l'article 479 du Code pénal, sans que son auteur puisse s'excuser par la possession où il est d'en user ainsi de temps immémorial. (3 octobre 1835.)

43. L'autorisation *verbale* du Maire, pour construire sur la voie publique, ne peut sup-

pléer à l'autorisation par écrit qu'exige la loi.
(Édit de 1607, article 4. — Cassation, 20 octobre 1835.)

44. Les Communes ou sections de Communes ne peuvent plaider valablement, même
en défendant, sans autorisation préalable, et
aussi bien lorsqu'il s'agit d'une action réelle
(telle qu'une demande en affranchissement de
pâturage), que lorsqu'il s'agit d'une action personnelle ou mobilière.

Le défaut d'autorisation d'une Commune
pour plaider, opère nullité substantielle et
d'ordre public, qui peut être opposée en tout
état de cause, même pour la première fois, en
cour de cassation. (Loi du 14 décembre 1789,
articles 54 et 56. — Arrêté du 17 vendémiaire
an X. — Cassation, 17 novembre 1835.)

45. Bien qu'il n'appartienne qu'à l'autorité
ou à la juridiction administrative de rechercher, reconnaître et fixer les limites des chemins vicinaux, il n'en reste pas moins dans les
attributions exclusives des tribunaux de connaître des questions de propriété ou dérivant
de la propriété, qui peuvent s'élever relativement aux chemins classés comme chemins vicinaux. Ainsi, les tribunaux peuvent, pour statuer sur la propriété d'un attérissement contigu
à un chemin actuellement classé comme vici-

nal, déclarer que ce chemin a été antérieurement un chemin de hâlage, et, par suite, attribuer au propriétaire riverain l'attérissement formé avant la déclaration de vicinalité. (1er décembre 1835.)

46. Un Maire ne peut, aux termes de l'article 50 du Code d'instruction criminelle, dresser un procès-verbal de délit, comme officier de police judiciaire, que lorsque le délit est flagrant. Si donc il dresse un procès-verbal d'extraction de terre, faite sur un terrain communal, et si ce procès-verbal n'a lieu qu'après le départ des ouvriers, le délit de ceux-ci n'est plus flagrant. En conséquence, s'ils attaquent le Maire devant le Juge-de-Paix, en restitution de leurs outils illégalement saisis, ce fonctionnaire ne peut prétendre avoir agi comme officier de police judiciaire; il ne peut non plus soutenir qu'il a agi en qualité d'agent du Gouvernement, ni prétendre qu'une autorisation du Conseil d'État est nécessaire pour l'attaquer : il n'a agi réellement que comme mandataire de la Commune, et non comme agent du Gouvernement. Le Juge-de-Paix doit donc se déclarer compétent, examiner la qualité de la saisie, et ordonner ou refuser la restitution des outils. (2 avril 1836.)

47. Une Commune défenderesse peut, quoi-

que non pourvue de l'autorisation de plaider, constituer avoué et sommer de produire des titres. (4 mai 1836.)

48. Dans le cas où le propriétaire enclavé qui jouissait déjà d'une servitude de passage, vient à changer la destination primitive de son fonds, il a le droit d'exiger, sauf indemnité, une extension ou modification de la servitude, proportionnellement aux besoins de l'exploitation nouvelle. (8 juin 1836.)

49: Le chemin qui conduit d'une ville ou d'un bourg à une ville ou à un bourg, ou à une route, ou d'un chemin public à un chemin public, ou d'un village à un village, est *réputé* public.

Tout individu peut y passer à toute heure du jour et de la nuit. (21 juin 1836.)

50. Le principe sur la rétroactivité des lois est inapplicable, lorsqu'il s'agit de l'exécution de mesures prescrites par des règlements de police. Ainsi, l'arrêté d'un Maire qui interdit des bornes placées le long des maisons, sur la voie publique, est applicable à celles qui ont été placées avant l'arrêté, comme à celles qui n'ont été placées que depuis. (30 juin 1836.)

51. Le consentement du propriétaire à l'expropriation, n'est pas pour le tribunal une raison de la prononcer sans que toutes les formes

prescrites par la loi pour constater l'utilité publique aient été observées, et sans que toutes les pièces constatant l'accomplissement de ces formalités aient été produites, s'il n'y a pas accord entre l'administration et le propriétaire, sur le montant de l'indemnité offerte ou prétendue. (5 juillet 1836.)

52. En cas d'absence du Maire, l'exploit d'ajournement adressé à une Commune peut être laissé à l'adjoint et visé par lui; il n'y a nécessité de recourir au Juge-de-Paix et au Procureur du Roi, que quand il y a absence du Maire et de l'adjoint. (24 août 1836.)

53. L'arrêté du Maire ayant pour objet la liberté du passage sur un chemin vicinal, est obligatoire, bien qu'il ne contienne que des injonctions particulières à un seul individu. (8 octobre 1836.)

5 . Les défenses d'exécuter aucunes réparations confortables à la façade des maisons sujettes à reculement, sans autorisation du Maire, existent sans qu'il soit besoin d'un arrêté spécial de l'autorité municipale, dans tous les lieux où l'édit de 1607 n'a pas cessé de recevoir son exécution. Elles s'appliquent même à un simple recrépissage, et la contravention ne peut être exécutée sous prétexte de bonne foi. (17 décembre 1836.)

55. Dès l'instant que les plans d'alignement d'une ville ont été rendus exécutoires par ordonnance royale, les terrains qui s'y trouvent désignés pour être ultérieurement réunis à la voie publique, sont censés en faire déjà partie, et, comme tels, sont soumis, de plein droit, IPSO FACTO, aux règlements de la voirie, tellement que les propriétaires de ces terrains ne peuvent y faire aucune construction, sans avoir obtenu la permission de l'autorité municipale. (27 janvier 1837.)

56. L'autorité municipale est investie du pouvoir d'ordonner les mesures individuelles que la sûreté publique lui paraît exiger; elle peut notamment prescrire à un particulier, par un arrêté, la clôture d'un terrain qui se trouve sur la voie publique; ses injonctions à cet égard sont obligatoires, et le particulier à qui elles sont faites ne peut se dispenser de les exécuter, sous le prétexte que la mesure n'est pas générale et que l'arrêté n'a pas été publié. (2 février 1837.)

57. Les tribunaux de police sont aujourd'hui seuls compétents pour réprimer les dégradations et usurpations commises sur les chemins vicinaux, de quelque nature qu'ils soient, ceux de grande communication comme tous autres chemins communaux. La juridiction attribuée à

cet égard aux Conseils de préfecture, par la loi
du 9 ventôse an XIII, a été transportée aux
tribunaux de police par le n° 11 de l'art. 479
du Code pénal modifié. (3 mars 1837.)

58. Au cas de contestation entre une Commune et un particulier sur la propriété du sol
d'un chemin, les tribunaux peuvent attribuer
cette propriété à la Commune, en se fondant sur
ce que l'usage de ce chemin a toujours été public : ce n'est pas là empiéter sur les attributions
administratives. (7 mars 1837.)

59. Il n'est pas nécessaire que l'acte d'appel
d'un jugement de simple police, contienne con-
stitution d'avoué. (7 avril 1837.)

60. Les choses hors du commerce ne peuvent
être l'objet de prescriptions ni d'actions en complainte; la possession, en ce cas, doit être réputée de simple tolérance, et dans cette catégorie
on doit ranger les rues d'une Commune.

Le Juge-de-Paix saisi d'une action possessoire, est compétent pour apprécier le caractère de
la possession alléguée, et il peut déclarer, sans
cumuler le possessoire avec le pétitoire, qu'elle
est inefficace en ce qu'elle s'applique à un objet
placé hors du commerce. (20 juillet 1837.)

61. La Commune qui, non autorisée en première instance, mais autorisée en appel, a con-
clu et plaidé au fond devant la cour royale, sans

opposer le défaut d'autorisation en première instance, n'est pas recevable à s'en faire, pour la première fois, un moyen de nullité devant la cour de cassation. En un tel cas, la nullité est couverte, et vainement la Commune opposerait que cette nullité est substantielle ou d'ordre public. (1er août 1837.)

62. L'autorité municipale a été dépouillée, par la loi du 21 mai 1836, art. 21, du droit qui lui appartenait antérieurement, de prendre des arrêtés généraux relativement à l'écoulement des eaux des chemins vicinaux, aux fossés de ces chemins, et à leur curage : ce droit se trouve transporté aux Préfets, sous l'approbation du Ministre de l'Intérieur. (5 août 1837.)

63. Les procès-verbaux en matière de petite voirie ne sont pas soumis, pour faire foi en justice, à la formalité de l'affirmation : il n'en est pas comme des procès-verbaux en matière de grande voirie. (28 février 1838.)

64. C'est à l'autorité judiciaire qu'il appartient de connaître de la question de propriété d'un terrain qu'une Commune prétend faire partie d'un chemin vicinal, bien qu'à l'administration seule il appartienne de prononcer sur la vicinalité du chemin. (18 avril 1838.)

« Sans doute, lorsqu'il y a contestation sur le » point de savoir si un chemin est ou n'est pas

» vicinal, à l'administration seule il appartient
» de prononcer sur la vicinalité; mais quand il
» n'y a pas contestation sur la vicinalité, qu'il
» s'agit seulement de savoir si une parcelle de
» terrain fait ou ne fait pas partie du chemin
» déclaré vicinal, c'est évidemment une question
» de propriété, que les tribunaux ordinaires
» peuvent seuls décider. » (CORMENIN, *Quest. de
Droit administratif*, 1re partie, page 465. FOU-
CART, *Éléments de Droit public*, t. 2. page 406.
GARNIER, *Traité des Chemins*, 4e édition, page
207. — Voy. *Jurisprudence du XIXe Siècle*, SI-
REY, t. 32, 1re partie, page 13, et t. 36, 1re partie, page 125.

65. Dans le cas de reconnaissance et de fixation de la largeur d'un chemin vicinal déjà existant, les Préfets ont, d'après l'art. 15 de la loi
du 21 mai 1836, le droit d'ordonner l'empiètement sur les terrains qui bordent les chemins,
sans expropriation ou indemnité préalable, sauf
le droit du propriétaire à obtenir ultérieurement
cette indemnité, s'il y a lieu : ce n'est qu'au cas
d'ouverture ou de redressement d'un chemin
vicinal, qu'il y a nécessité de suivre les formes
de l'expropriation tracées par l'art. 16 de la
même loi. (7 juin 1838.)

66. L'expropriation pour cause d'utilité publique, nécessitée par des travaux d'ouverture

ou de redressement des chemins vicinaux, est soumise aux formes générales d'expropriation tracées par la loi du 7 juillet 1833.

Spécialement, l'expropriation ne peut être prononcée qu'après qu'une commission spéciale a été nommée pour entendre les parties intéressées, et dresser procès-verbal de leurs observations, et que ce procès-verbal a été déposé au secrétariat de la préfecture, en conformité des art. 8, 9 et 10 de la loi du 7 juillet 1833.

67. L'expropriation exigée pour des constructions sur la voie publique, doit être établie par écrit ayant date certaine, avant ces constructions; elle ne peut l'être par la preuve testimoniale. (19 juillet 1838.)

68. L'expropriation qui a lieu pour un chemin vicinal ouvert ou redressé dans l'intérêt de plusieurs Communes ou cantons, requise, non par une Commune, mais par un Préfet, peut être réputée avoir lieu dans un intérêt purement communal : dès lors, cette expropriation n'est pas dispensée de l'accomplissement des formalités prescrites par les art. 8, 9 et 10 de la loi du 7 juillet 1833. (21 août 1838.)

Par un premier arrêt du 23 avril 1838, la cour de cassation avait décidé que l'arrêté du Préfet contenant désignation des propriétés particulières auxquelles l'expropriation est applicable, n'avait pas besoin d'être précédé d'aucune autre formalité ; mais beaucoup de tribunaux ayant résisté à cette solution, et notamment le tribunal de Remiremont, dans l'affaire du sieur Demangeon, la cour de cassation ayant fait un nouvel examen de la question, a rendu l'arrêt qui précède.

69. Lorsqu'un particulier poursuivi devant un tribunal de police pour avoir exécuté des travaux confortatifs, soutient qu'ils ne le sont pas, ce tribunal n'est pas compétent pour apprécier cette exception ; il doit surseoir sur la contravention jusqu'à ce que l'autorité administrative se soit expliquée sur la nature des travaux. (28 septembre 1838.)

70. Les Maires excèdent les limites de leurs attributions en faisant des règlements sur le curage des fossés des chemins vicinaux. Un fossé qui aboutit seulement à un chemin vicinal, n'est pas soumis aux règlements généraux prescrivant le curage des fossés dépendant des chemins vicinaux. (27 juin 1839.)

Jurisprudence des Cours Royales sur les Chemins vicinaux.

1. Tout habitant d'une Commune peut réclamer, en son nom personnel, contre l'entreprise

d'un autre habitant qui barre un chemin vicinal. (Cour royale de Bordeaux, 11 janvier 1831.)

A plus forte raison un particulier a-t-il le
droit de réclamer une servitude privée sur une
place publique, ou d'ajouter aux titres par lui
produits pour réclamer un droit de passage, le
moyen tiré de ce que la place est à l'usage du
public. (Arrêt de la cour de cassation, 24 juillet
1827 et 15 juin 1829.)

2. Dans la fixation de l'indemnité due par
suite d'expropriation pour cause d'utilité publique, on doit avoir égard non-seulement à la
valeur vénale des terrains cédés, mais encore au
préjudice qu'éprouve le propriétaire exproprié,
soit à raison de la dépréciation du terrain restant, soit à raison des travaux qu'il a été obligé
de faire sur ce terrain par suite de l'expropriation. (Arrêt de la cour royale de Paris, 11 novembre 1835.)

3. Un procès-verbal d'adjudication par un
Maire, et signé de l'adjudicataire, n'est pas un
acte authentique emportant voie parée. (Arrêt
de la cour royale de Limoges, 14 janvier 1831.)

4. Un chemin vicinal ne peut être supprimé
par la Commune, lorsqu'il est nécessaire à l'exploitation des fonds aboutissants;

Et le passage sur le chemin supprimé peut
être revendiqué par chacun des fonds qui s'ex-

ploitent par ce chemin, alors même que ces
fonds se trouvent réunis sur la même tête, et
qu'il serait possible d'arriver au nouveau chemin en passant d'un de ces fonds à l'autre. (Arrêt de la cour royale de Grenoble.)

Ce même principe a été consacré par une ordonnance royale du 25 avril 1838, laquelle décide que les propriétaires riverains d'un chemin
vicinal ont droit de vue et de desserte sur ce
chemin, tellement que la Commune ne peut, à
leur préjudice, affermer une portion de ce chemin, sous prétexte qu'il excède la largeur voulue par la loi. (*Voyez* SIREY, t. 34, 2e part., page
503.) — Cependant il résulte de l'art. 19 de la
loi du 21 mai 1836, qu'un chemin vicinal peut
être supprimé ou abandonné par la Commune,
sauf le droit de péremption du terrain en faveur des riverains.

Voirie rurale.

Elle comprend les chemins et sentiers publics
qui ne sont pas classés comme chemins vicinaux. Ils sont régis par les dispositions du Code
civil et des lois rurales ou forestières sur les
chemins de traverse et d'exploitation.

Mais il faut bien entendre qu'il s'agit d'une
exploitation commune à plusieurs; car les ave-

nues et les chemins ouverts dans une seule et grande propriété, pour son exploitation exclusive et pour l'usage et l'agrément du seul propriétaire, n'appartiennent à aucune classe de voirie, et sont régis par les règles du droit commun.

Chemins de desserte à la charge des Particuliers.

Quoique cette nature de chemins ne soit pas à la charge de la Commune, l'autorité ne doit pas moins veiller à leur conservation. Voici à cet égard comment s'exprime l'instruction ministérielle du 24 juin 1836, sur la loi du 21 mai de la même année : « La Commune a un inté- » rêt réel à conserver intact le sol de ces che- » mins, et à le défendre contre toute anticipa- » tion de la part des riverains. Les Maires » devront donc constater ou faire constater ces » usurpations, et les poursuivre devant les tri- » bunaux ordinaires. »

Répression des Contraventions, par le Maire, le Juge-de-Paix et le Tribunal de police.

Les contraventions qui rentrent dans les attributions du tribunal de police, du Juge-de-Paix et des Maires, seront, conformément aux art. 139 et 140 du Code d'instruction criminelle, réprimées par le Juge-de-Paix, si elles ont été commises dans l'étendue de la Commune chef-lieu de canton, ou même dans les autres Communes, lorsque, hors le cas de flagrant délit, elles auront été commises par des personnes domiciliées ou non présentes dans la Commune, ou lorsque des témoins qui devront déposer n'y seront pas résidents ou présents.

Les mêmes contraventions seront réprimées, conformément à l'art. 166 du même code, par les Maires des Communes chefs-lieux de canton, concurremment avec les Juges-de-Paix, lorsque lesdites contraventions auront été commises dans l'étendue de leur Commune, par des personnes domiciliées, ou qui sont présentes, et lorsqne les témoins y seront résidents et présents.

Lorsque la connaissance des contraventions devra être portée devant le Juge-de-Paix, ces contraventions seront constatées par les commissaires de police, par les Maires et adjoints, concurremment avec les gardes-champêtres.

Les procès-verbaux qu'ils rédigeront à cet effet, constateront la nature et les circonstances des contraventions, le lieu, et, s'il se peut, le temps où elles auront été commises, les preuves

ou indices à la charge de ceux qui seront pré-
sumés coupables. (Art. 11 du même code.)

Ces procès-verbaux, préalablement affirmés
devant le Maire ou le Juge-de-Paix, s'ils sont
faits par le garde-champêtre, visés pour timbre
et enregistrés en débets, seront remis dans les
trois jours, compris celui de leur rédaction, aux
commissaires de police, pour les cantons où il y
en a, et, pour les autres, au Maire de la Commune chef-lieu de canton, ou, à son défaut, à
l'adjoint. Ces fonctionnaires, étant chargés du
ministère public près les Juges-de-Paix en matière de police, feront citer les prévenus, et pro-
cèderont conformément aux art. 167, 168, 169,
170 et autres rappelés du même code.

Travaux. — Instruction.

1. Lorsque l'on entreprend de construire ou
de réparer un chemin, il est indispensable de
chercher à remplir les deux conditions suivantes :

1°. Que le chemin offre, pour le passage des
piétons et des voitures, une surface solide en
toute saison, et susceptible de résister au poids
des voitures ;

2°. Qu'il soit à l'abri de l'action destructive
des eaux.

2. Peu de terrains ont naturellement le degré de solidité nécessaire pour satisfaire à la première condition ; on y supplée en couvrant le chemin, sur une partie de sa largeur, de pierres ou de graviers : cette couverture se nomme empierrement.

3. Il y a des empierrements de deux espèces, avec ou sans fondations ; ces derniers sont ceux que l'on désigne sous le nom de *Chaussées à la Mac-Adam.* (1)

---

(1) *Mac-Adam*, un simple particulier, sans nom, sans grande fortune, sans fonctions publiques, sans instruction théorique, s'occupe avec persévérance du mode de réparation des routes, et en fait, comme simple commissaire, une application isolée et heureuse ; il publie sa méthode, en montre les avantages, et, en peu d'années, les préjugés, les intérêts cèdent, son système devient populaire, et l'amélioration générale des routes en est le fruit.

Mac-Adam a prouvé par ses travaux, d'abord contestés en France, mais qui ne souffrent plus de contradicteurs dans aucun pays, savoir : que *toutes les routes peuvent être rendues unies et solides au même degré, et tenues constamment en cet état de perfection, sans distinction de saisons.*

« Grâce aux moyens nouveaux qu'il a fait connaî-

4. On distingue, sous le nom d'*accotements*, les parties non-empierrées de chaque côté du chemin.

5. Pour procurer un écoulement aux eaux qui pénètreraient les empierrements et les accotements, et qui en altèreraient la solidité, on borde les chemins de fossés, lorsqu'ils ne sont pas plus élevés que les terres voisines.

6. Mais si le chemin offrait une surface entièrement plane, l'écoulement des eaux ne se-

---

tre, dit M. Charles Dupin, toutes seront bonnes aussi longtemps qu'elles subsisteront. »

La seule question qu'il sera permis d'élever, tiendra à l'espèce des matériaux, quant à leur prix et à leur résistance : on pourra disputer sous ce rapport sur la dépense ou sur la durée, mais non pas sur l'excellence de la voie publique.

Les chemins reconstruits d'après ce système ont été jugés tellement supérieurs, que leur restauration a valu à son auteur la gloire de lui imposer son nom, dont on a fait un nouveau verbe. Ainsi, *macadamer* une route, c'est l'établir d'après la méthode de Mac-Adam, et lui donner une bonté toute nouvelle. (*Essai sur la Construction des Routes et des Voitures*, par Richard Lovell. EYGEWORTH. Traduit de l'anglais sur la seconde édition, pages 194 et 195.)

rait pas suffisamment assuré; en outre, la circulation s'opérant principalement au milieu de la
chaussée, cette partie, s'usant plus vite, finirait
par devenir plus basse que les accotements, et
les eaux pluviales y resteraient en stagnation.
Pour y remédier, on bombe les chemins en leur
donnant à peu près la forme que présente un
champ cultivé à la charrue, ou bien, comme
dans quelques localités, en pente dans le sens
de la largeur.

Mais la première de ces deux dispositions est
celle qui doit être le plus généralement adoptée.

7. Les détails suivants indiqueront l'application de ces principes aux divers travaux qui
peuvent s'exécuter pour les chemins.

Établissement d'une Chaussée.

8. Quand il s'agit d'établir une nouvelle
chaussée, il faut reconnaître, avant tout, si c'est
sur le local de l'ancienne route qu'elle doit être
construite en tout ou en partie.

9. Il peut y avoir souvent avantage à quitter
l'ancienne direction d'un chemin, soit pour ne
pas passer dans des bas-fonds, toujours humides
et marécageux, soit pour éviter des pentes et

des escarpements qui rendraient les charrois pé-
nibles et difficiles. C'est à MM. les Maires à examiner avec une sérieuse attention, jusqu'à quel
point les avantages d'une nouvelle direction
peuvent compenser les frais qu'elle doit imposer, à raison surtout des indemnités de terrain
à payer.

10. Dans d'autres circonstances qui ne se ren-
contrent que trop souvent, MM. les Maires n'hé-
siteront pas à faire abandonner l'ancien sol du
chemin. Ce sont celles où le chemin, au lieu
d'être en remblai ou relief au-dessus des terres
environnantes, est au contraire en déblai plus
ou moins profond, comme un ravin, et sert par
conséquent de lit à toutes les eaux des terrains
supérieurs.

11. Cet examen une fois fait, et l'emplacement
de la route définitivement adopté, on commence
par creuser les fossés des deux côtés, si le chemin est un terrain plat; ou si son élévation au-
dessus des terres voisines est inférieure à un
pied, on ne fait qu'un seul fossé du côté de la
hauteur, et de l'autre le sol est naturellement
en pente.

12. La largeur et la profondeur des fossés va-
rient nécessairement suivant le plus ou moins
grand volume d'eau qu'ils sont susceptibles de
recevoir; mais généralement leur profondeur

10.

doit être calculée de manière à ce que le niveau des eaux, lors des pluies, soit à six pouces (16 centimètres) au moins au-dessous du bord du chemin.

13. Les côtés du fossé doivent avoir une pente suffisante pour que les terres se soutiennent par elles-mêmes, et ne s'éboulent pas par les pluies. Par exemple, à un fossé de 50 centimètres (18 pouces) de largeur au fond, on donnera un mètre (3 pieds) de largeur à l'ouverture.

14. Si la terre extraite du fossé est compacte, ou si les matières que l'on en extrait sont des pierrailles ou du gravier, on doit s'en servir pour exhausser le sol du chemin au-dessus des terrains avoisinants, disposition qui est toujours avantageuse. Dans le cas contraire, la terre doit être répandue sur les champs voisins, d'accord avec les propriétaires, qui ont rarement des motifs pour s'y opposer.

15. L'empierrement se place ordinairement au milieu de la chaussée : si le chemin a 6 mètres (18 pieds) de largeur, l'empierrement aura 4 mètres (12 pieds); on lui donnera 5 mètres (15 pieds), si la largeur du chemin est de 8 mètres (24 pieds) et au-dessus.

16. On commencera par indiquer la direction de l'empierrement par des piquets enfoncés au milieu du chemin; on déblaiera ensuite tout le

terrain qu'il doit occuper, en enlevant les boues et les terreaux jusqu'à ce qu'on trouve la terre vierge ou un fond solide. Ce déblai présente, lorsqu'il est terminé, une sorte d'encaissement dont le fond doit être bien nivelé, et qui est destiné à recevoir les pierres.

17. Nous avons dit plus haut qu'il y avait des empierrements avec ou sans fondations, selon la nature du sol sur lequel le chemin est assis : si l'on fait un empierrement avec fondations, on opère de la manière suivante :

On dispose, le long de chaque paroi de l'encaissement, un rang de grosses pierres, aussi égales que possible dans leurs dimensions, et dont la partie supérieure doit être au niveau de l'accotement. Ces deux rangs de pierres qui forment la bordure des chemins, fixent tout l'empierrement en maintenant les autres pierres (1).

On couvre ensuite le fond de l'encaissement avec des pierres que l'on arrange à la main, les

---

(1) Ce système de bordure a été abandonné, par la bonne raison que les voitures déplacent les pierres de ces bordures, ce qui forme des fissures par lesquelles l'eau s'introduit dans la chaussée, qu'elle a bientôt ruinée.

unes à côté des autres, et á plat, de manière à laisser entre elles le moindre vide possible.

Si l'encaissement est profond et la pierre abondante, on couvre ce lit d'une seconde couche de pierres cassées d'environ un pouce cube.

Enfin la chaussée se termine par une couche de graviers ou de pierres cassées avec soin à la grosseur d'un pouce cube, en donnant à cette couche plus d'épaisseur au milieu que sur les côtés, afin de former le bombement de la route.

18. Ce mode de construction est le plus solide; mais généralement les chemins vicinaux n'exigent pas l'emploi des pierres de fondation, surtout lorsque le sol est assez compacte pour n'être pas facilement pénétré par les eaux. On doit donc presque partout employer le mode plus économique des chaussées à la Mac-Adam.

19. Dans ce cas, l'encaissement étant préparé comme il a été dit ci-dessus, et le fond bien nivelé, on le remplit de pierres ou de cailloux cassés bien également à la grosseur d'un pouce cube, ce qui est un peu moins qu'un œuf, et l'on donne à cette couche unique une épaisseur de 7 à 8 pouces (20 centimètres), en ayant soin de lui laisser un peu plus de hauteur au milieu que sur les bords, afin de former le bombement.

20. Le cassage des pierres est un objet qui exige le plus grand soin. Il importe essentielle-

ment à la solidité de l'empierrement que leur grosseur soit autant que possible uniforme, et l'expérience a démontré que la dimension d'un pouce cube est celle qui doit être préférée.

21. Quand on peut disposer de pierres dures et de pierres tendres, on doit former une première couche de celles-ci, dans lesquelles les pierres dures s'incrustent en quelque sorte, en forment une espèce de ciment ou béton imperméable.

22. L'empierrement terminé, on nivelle les accotements en leur donnant une pente douce vers les fossés.

23. Les ponts, les aquéducs et les cassis doivent toujours être construits sous la direction des voyers.

Réparation et Entretien.

24. S'il s'agit de réparer un chemin déjà empierré, on doit d'abord mettre à nu l'empierrement qui existe, en en enlevant aussi complètement que possible les terres et les boues qui le recouvrent et qui remplissent les creux et les ornières.

25. On remplit ensuite les creux ou les vides qui ont pu se former dans les fondations mêmes,

par les pierres de même échantillon que celles des fondations, et l'on recouvre ensuite le tout d'une couche de gravier ou de pierres cassées; mais ces cas seront rares.

26. Si le chemin n'a pas été abandonné trop longtemps, et si l'empierrement a été bien fait, et dans le cas le plus fréquent où la couche de pierres ou de graviers qui le recouvre n'aura été qu'entamée par des ornières plus ou moins profondes, on les fera disparaître en les comblant, soit de graviers, soit de pierres cassées à la grosseur d'un pouce cube, en observant les précautions indiquées pour la construction d'un empierrement neuf.

27. On répare ensuite les accotements et on cure les fossés.

28. Il faut avoir le plus grand soin de ne pas déposer, ainsi qu'on le fait souvent, les boues et autres déblais sur les bords de l'accotement où ils forment un bourrelet ou banquette qui empêche les eaux de s'écouler dans les fossés. Ainsi qu'on l'a dit au commencement de cette instruction, ce qui importe le plus à la conservation des chemins, c'est qu'ils soient constamment secs; rien ne doit être négligé pour empêcher que les eaux ne puissent y séjourner. Il n'est pas nécessaire d'ajouter que plus les réparations et l'entretien seront journaliers et pour

ainsi dire continus, plus ils deviendront efficaces et même économiques. C'est ce qui doit décider toutes les Communes à établir des cantonniers à demeure sur leurs chemins les plus fréquentés.

Exécution des Travaux par Prestation.

29. Les travaux faits par prestation sont rarement bien exécutés, parce qu'on n'apporte pas
l'ordre convenable dans l'organisation des ateliers.

En effet, dans la plupart des Communes, on
convoque, à un jour indiqué, tous les habitants
soumis aux prestations ; souvent le même ouvrier ramasse les pierrres, les conduit à la
brouette et en fait lui-même l'emploi. Si elles
sont éloignées du chemin, les voitures attendent
qu'elles soient ramassées par les manœuvres
pour les transporter sur le chemin, où les ouvriers chargés d'en faire l'emploi les attendent
à leur tour, de sorte que souvent les journées
de prestations donnent tout au plus le tiers du
travail effectif.

Presque jamais on ne casse les pierres et les
cailloux ; ils sont déposés bruts et sans ordre
sur le chemin, au milieu de flaques d'eau et de
boue, où ils se détruisent promptement.

30. Pour procéder régulièrement et obtenir un travail utile, les habitants doivent être répartis en ateliers, qui ne sont occupés que successivement dans l'ordre suivant :

31. Un certain nombre de travailleurs est chargé du soin exclusif d'extraire ou de ramasser les pierres, et de les disposer en tas réguliers près des lieux d'extraction, et de manière à pouvoir être facilement chargés.

32. Si le chemin a trop peu de largeur pour que le cassage des pierres et des cailloux puisse y être opéré, on le fait au lieu même de l'extraction. Cependant il est préférable de réserver ce travail pour le moment où les matériaux sont déposés sur l'accotement, parce que les débris des pierres et des cailloux cassés fournissent une matière solide qui ne peut que consolider le chemin. Le cassage forme aussi la tâche d'un certain nombre d'habitants, qui sont spécialement destinés pour ce travail.

33. Un ouvrier de force médiocre, et même un jeune homme de quatorze à quinze ans, peut, en un jour, à l'aide d'un marteau à manche court, réduire un mètre de pierres dures ou de cailloux en morceaux de la grosseur d'un pouce cube.

34. Les propriétaires de voitures transportent et déposent ensuite les pierres, soit brutes,

soit cassées, selon qu'il vient d'être dit, le long du chemin, et, s'il est possible, sur l'accotement même où elles sont disposées en tas réguliers. Une section de travailleurs est réunie aux voituriers pour opérer le chargement et le déchargement.

35. Lorsque les pierres sont prêtes à être employées, des habitants, en nombre proportionné à l'étendue des travaux à exécuter, sont chargés, soit de préparer l'encaissement, soit d'enlever les boues et de mettre à nu l'empierrement existant.

36. D'autres, choisis parmi les plus intelligents, reçoivent pour tâche de construire ou de recharger l'empierrement existant.

37. Enfin, les accotements étant débarrassés et l'empierrement terminé, les travailleurs qui n'ont pas été employés aux autres ateliers, sont commandés pour niveler les accotements et curer les fossés.

38. Chaque section doit avoir un chef surveillant chargé de diriger les travailleurs, d'assurer la bonne exécution des travaux, et de former, pour être remise au Maire, la liste des retardataires et des habitants qui n'auraient fourni qu'une partie des prestations.

39. Les journées de travail seront, toutes les fois que la nature des ouvrages le permettra,

converties en tâches, qui comprendront, soit l'extraction, le transport ou l'emploi d'un nombre déterminé de mètres cubes de matériaux, soit l'ouverture et le curage de tant de mètres courant de fossés, etc. Cette disposition doit, autant que possible, être exécutée.

40. Les fonds provenant du rachat des prestations sont spécialement destinés aux ouvrages d'art, tels que ponts, aquéducs, etc., qui ne peuvent être bien faits que par un maçon. A défaut d'ouvrages de cette nature, il convient de les employer à faire exécuter, à prix d'argent, par des ouvriers exercés, les travaux qui demandent le plus de soin, tels que la construction des empierrements.

41. Dans la distribution des travaux, les Maires auront toujours soin de consulter les forces des individus, pour les employer de préférence au genre de travail auquel ils seront le plus propres.

42. Ils devront aussi, dans chaque Commune, s'attacher à se procurer les outils nécessaires au moins pour les travaux journaliers des chemins, et surtout un certain nombre de masses en fer, devenues indispensables d'après les mesures qui prescrivent à MM. les Maires de ne laisser désormais employer sur les routes vicinales que des pierres et cailloux cassés à une grosseur déterminée.

Ouverture des Chemins vicinaux.

Presque partout les chemins purement vicinaux, ceux qui resteront à la charge seule des
Communes, sont ouverts; il ne s'agit que de les
rendre viables : cependant, assez fréquemment,
il arrivera que ces chemins nécessiteront des
redressements, des changements de place, ou
bien encore des adoucissements de pente; l'exécution de ces divers travaux présente peu de
difficultés dans les pays qui ne sont pas monta-
gneux.

Redressements.

Les redressements ne doivent avoir lieu que
dans les cas où ils offriront un avantage réel, et
lorsqu'on pourra, gratuitement ou par échange
sans retour, se procurer le terrain nécessaire
au nouvel emplacement du chemin ; l'économie
des fonds vicinaux est la première règle que
devront s'imposer MM. les Maires, et s'il fallait
acquérir les terrains, cette acquisition, d'une
part, emploierait souvent la totalité des ressources de la Commune, et, d'autre part, nécessite-
rait peut-être les formalités de l'expropriation
pour cause d'utilité publique. Il faut donc évi-

ter ces travaux toutes les fois qu'on pourra rigoureusement s'en passer. S'ils sont reconnus
d'une indispensable utilité, MM. les Maires, en
vue de cette utilité, obtiendront facilement, par
leur influence, l'abandon de portion des terrains
nécessaires qui pourront souvent être compen-
sés avec la partie du chemin abandonné.

On opèrera ensuite comme il est dit à l'article 11 de l'instruction qui précède; on devra
donner au bombement du chemin les trois cin-
quièmes de sa demi-largeur, c'est-à-dire qu'un
chemin de six mètres de largeur, ou trois mètres pour sa demi-largeur, devra être bombé de
neuf centimètres.

Il faut avoir soin que le bombement ne soit
ni trop faible ni trop fort : trop faible, les eaux
ne s'écoulent pas dans les fossés; trop fort, le
chemin est plus facilement détérioré par les voitures, dont le chargement se porte sur le côté
qui penche.

On accoutumera facilement l'œil à voir si le
bombement du chemin est tel qu'il doit être; il
sera facile au surplus de s'en assurer au moyen
d'une règle et d'un niveau de maçon, instruments qui se trouvent dans toutes les localités.

Si le redressement était long ou difficile, qu'il
exigeât des nivellements, des remblais ou déblais, il faudrait alors avoir recours aux con-

naissances de MM. les agents voyers; les renseignements que l'on pourrait donner ici, quelque
simples ou détaillés qu'ils puissent être, ne pourraient presque jamais être utilement employés
par ceux qui n'auraient pas déjà des notions spéciales ou des instruments propres à ce genre de
travaux.

Changements dans l'Emplacement des Chemins.

On ne saurait trop recommander à MM. les
Maires ou agents voyers, l'application de l'article 10 de l'instruction déjà rappelée, toutes
les fois que l'emplacement du chemin formera
ravin ; en effet, on ne peut jamais espérer avoir
un chemin passable dans une position semblable, ou bien il faudrait l'élargir de telle manière
que les talus fussent en pente très-douce, et que
les fossés, au bas des talus, fussent larges. Il
y aurait presque toujours avantage à passer à
côté.

Les indications données pour le redressement
du chemin, s'appliquent également au cas où il
faudrait le changer de place ; si l'exécution en
était difficile, il faudrait avoir recours aux
agents voyers.

Adoucissements de pente.

Dans la confection des chemins vicinaux, il faudra, autant que possible, s'appliquer à faire disparaître ces raidillons qui exigent des chevaux de renfort, ou obligent, comme si le chemin était mauvais, à ne prendre que des demi-chargements ; on voit, en effet, que si on les laissait subsister, on aurait gagné peu de chose à mettre le chemin en bon état, puisque le transport emploierait le même nombre de chevaux qu'auparavant; ces travaux seront presque toujours faciles à faire, en enlevant des terres sur la hauteur pour les porter en remblai dans le bas; on allongera ainsi la côte, et on lui donnera une pente uniforme. Cette pente uniforme ne doit pas avoir plus de quatre à cinq centimètres par mètre, pour ne pas exiger de chevaux de renfort. Pour déterminer cette pente, il y a des formules mathématiques qui rendent cette opération facile, mais nous sommes presque partout privés des instruments et des connaissances nécessaires; il faut donc employer les moyens qui sont en notre pouvoir. Ces moyens sont : le niveau du maçon, une longue règle de trois à quatre mètres; le maçon ou le charpentier du lieu, l'un ou l'autre, peuvent indiquer très-approximativement la hauteur de terre qu'il faudra enlever sur le haut pour transporter dans le bas, allonger ainsi la côte pour lui donner l'uniformité de *quatre à cinq* centimètres de pente par *mètre;* on se servira des terres enlevées du haut pour opérer le remblai du bas. Ce remblai se fait facilement, parce que les voitures et les brouettes ne sont chargées qu'en descendant, et remontent à vide. S'il y a des endroits plus rapides les uns que les autres, on rétablira l'uniformité dans la pente, c'est-à-dire qu'à chaque longueur de règle de *quatre mètres*, on ne donnera que 16 centimètres d'inclinaison. Ce moyen, nous le répétons, n'est à indiquer qu'en l'absence des agents voyers et d'instruments; mais comme cette position se rencontrera quelquefois, il est bon de savoir se tirer d'affaire avec ses propres ressources.

MM. les Maires ne doivent pas oublier que les redressements ou les changements d'emplacement de chemins vicinaux doivent être autorisés par arrêtés des Préfets (art. 16 de la loi du 21 mai 1836); ils doivent donc, pour obtenir promptement cet arrêté, avoir levé d'avance les difficultés, en présentant, avec la délibération du Conseil municipal, les arrangements faits avec les propriétaires sur les terres desquels la nouvelle direction du chemin doit être établie.

Largeur des Chemins vicinaux.

En général, les chemins trop larges sont mauvais, par la difficulté de faire écouler les eaux hors de la route; mais cette largeur sera rarement telle pour les chemins vicinaux. En fixant la largeur d'un chemin vicinal, il faut examiner de quelle nature est le sol sur lequel on doit opérer, si on est dans l'intention d'empierrer la totalité du chemin ou seulement une chaussée, en y joignant deux accotements.

Dans le cas où en empierrerait la totalité du chemin, il a besoin de moins de largeur; *cinq mètres* entre fossés sont suffisants, en réservant de distance en distance des gares où il soit possible de déposer les matériaux d'entretien.

Si on n'empierre qu'une chaussée, il faut qu'elle soit, autant que possible, de quatre mètres. La chaussée de quatre mètres est un peu plus coûteuse d'établissement que si elle n'en avait que trois, mais elle demande moins d'entretien. Sur une chaussée de trois mètres, les voitures suivent toujours la même voie et font bientôt des ornières; sur la chaussée de quatre mètres, cet inconvénient est bien moins sensible.

Empierrement.

L'instruction précitée, article 15 et suivants, contient à cet égard des détails auxquels on ne saurait que se référer.

Nous ajouterons seulement les observations suivantes : Dans beaucoup de localités, on a pour habitude de faire des chaussées pavées en blocage, et la routine de ces localités est opposante à toute autre méthode. Cet empierrement est le plus mauvais qu'on puisse établir; il est tellement dur, tellement inégal, qu'il nuit non-seulement aux voitures, mais à toute espèce de transport que l'on peut faire dessus ; on ne doit jamais espérer avoir une bonne route, une route unie, avec un semblable empierrement. Il a encore l'inconvénient de durer moins long-temps; la cause de sa destruction existe en lui-même. En effet, les inégalités qu'il présente font élever fréquemment les eaux au-dessus du sol, et les chocs qu'elles occasionent, en retombant, sont en même temps préjudiciables : à la route, qu'ils enfoncent; aux voitures, qu'ils brisent ; et aux marchandises, qu'ils avarient. Le blocage doit donc être proscrit, comme ne pouvant faire que de mauvais chemins.

C'est aussi le moment de rappeler qu'avec des

11

pierres non cassées et de toutes les grosseurs, on peut changer la nature d'un chemin, et d'un mauvais chemin en terre en faire un mauvais chemin en pierre; mais qu'il est aussi nuisible ainsi, que si on l'avait laissé dans son état primitif. On ne saurait donc trop recommander à messieurs les Maires de suivre exactement les prescriptions de l'instruction qui précède; elles leur coûteront un peu plus de soin, un peu plus de surveillance, mais elles produiront de bons chemins vicinaux; et quand bien même les pierres dont ils ont à se servir se trouveraient à la surface du sol, il ne suffit pas de les jeter sur un chemin pour avoir convenablement rempli les obligations que la loi impose; il faut encore s'associer à son grand but d'utilité publique, en faisant emploi des moyens qu'elle met aux mains de l'administration, avec entente, discernement, et surtout l'esprit de suite, sans lequel on ne fait rien de durable.

L'encaissement de la chaussée pour l'empierrement avec des bordures en grosses pierres, peut être utile dans certaines localités, mais il est généralement abandonné, et l'on a adopté l'empierrement avec des bordures en pierres cassées, de la grosseur d'un pouce cube.

Nous avons parlé plus haut de l'empierrement de la totalité du chemin, en lui donnant une moindre largeur, et en réservant de distance en distance des gares pour le dépôt des matériaux d'entretien ; nous n'hésitons pas à regarder ce système comme le meilleur, partout où il pourra être employé. Voici les motifs de notre opinion :

1°. Économie de terrain enlevé à l'agriculture ;

2°. Écoulement plus facile des eaux ;

3°. Économie d'entretien ;

4°. Débarras des matériaux d'entretien ;

5°. Viabilité plus commode.

1°. *Économie de terrain enlevé à l'agriculture.* — Tout le monde sait qu'à certaines époques de l'année, les accotements sont impraticables, et que les voitures évitent avec grand soin d'y tomber, dans la crainte d'y verser ou de s'y embourber ; et à quoi servent-ils effectivement? à déposer les matériaux et à empêcher l'écoulement des eaux : on peut donc conclure qu'ils sont plus nuisibles qu'utiles, et arriver à les supprimer partout, puisqu'en définitive la largeur de la route est réduite à la chaussée empierrée (1) ; cinq mètres paraissent suffisants

_____

(1.) En Angleterre, toutes les routes sont *macadamées* dans leur entière largeur.

dans ce système, pour la largeur des chemins,
au lieu de six à sept que l'on donnera généralement dans celui de la chaussée avec accotements. En supposant les gares à la distance de
cinquante mètres, avec un dépôt chacune de trois
à quatre mètres de pierres cassées ou de gravier, on trouvera encore une grande économie
de terrain, et dans les pays de petite culture
surtout, cette économie n'est pas à dédaigner.

2°. *Écoulement plus facile des eaux.* — Les
accotements sont partout un obstacle à l'écoulement des eaux dans les fossés, d'abord parce
que la terre mouillée se gonfle et s'élève alors
au-dessus du bord de la chaussée, ensuite parce
que les voitures qui y passent dans des temps
humides, relèvent la terre en bourrelets, qui
retiennent également les eaux; tellement, dit
monsieur l'ingénieur Berthault, que si l'on
avait eu pour but de maintenir constamment
aussi près que possible des chaussées leur ennemi le plus redoutable, il eût été difficile de
trouver un moyen plus sûr. Enfin, les dépôts
de matériaux qu'on y fait, forment eux-mêmes
obstacle à cet écoulement, et sont un motif continuel de dégradation pour ces accotements.

3°. *Économie d'entretien.* — Si l'empierrement général du chemin est une raison pour
qu'il se dégrade moins, cette raison sera en

même temps celle qui procurera l'économie d'entretien. Or il est évident que toute la largeur de la route étant utilisée pour le passage des voitures, elle sera moins fatiguée et plus unie; puis c'est une vérité reconnue que, toutes choses égales d'ailleurs, une chaussée raboteuse s'use bien plus vite qu'une chaussée unie; l'écoulement des eaux sera d'ailleurs plus facile, et c'est également une vérité reconnue que la présence de l'eau sur un chemin est la plus grande cause de sa destruction. Il paraît donc facile de tirer pour conséquence qu'il y aura économie réelle d'entretien par l'empierrement général du chemin. On peut aller plus loin, et soutenir que la construction ne sera pas plus coûteuse; car on pourra réduire l'épaisseur de l'empierrement, par la raison que la circulation des voitures pourra se faire en tout temps sur toute la largeur du chemin, et il ne faudra pas plus de matériaux dans le système d'empierrement de tout le chemin de cinq mètres, que dans celui de la chaussée de quatre mètres.

4°. *Débarras des matériaux d'entretien.* — Il n'est personne qui n'ait éprouvé le désagrément de dépôts; ils rétrécissent de moitié le chemin, sont un obstacle continuel à la marche des piétons, causent des accidents nombreux pendant la nuit, forment empêchement à l'écoulement

des eaux, enfin entretiennent les bas côtés des
chemins dans un état de dégradation perpétuel,
soit par les voitures qui les y apportent, soit
par le cassage et autres opérations qu'ils néces-
sitent. En formant des dépôts de trois ou quatre
mètres de pierres ou gravier dans des gares, à
cinquante mètres de distance, ces dépôts seront
suffisants pour le bon entretien des chemins
vicinaux, ne seront pas assez éloignés pour que
les cantonniers ne puissent les avoir facilement
à leur disposition, et ainsi se trouvera réalisé
le bienfait du débarras des matériaux d'entretien sur les routes.

5°. *Viabilité plus commode.* — Ce dernier avantage est le résultat de ceux qu'on vient de si-
gnaler, et n'est pas contestable. La viabilité sera
plus commode pour les piétons, parce qu'ils
n'auront pas les matériaux pour les entraver
dans leur marche, parce qu'ils chemineront en
temps de pluie sur un sol qui ne sera pas dé-
trempé comme les accotements ordinaires.

La viabilité sera également plus commode
pour les voitures, qui auront une chaussée plus
large, et seront délivrées de la crainte de verser.

De l'Entretien des Chemins.

L'activité française se met de toute part à

l'œuvre pour la construction des chemins vicinaux, et l'élan donné par la loi nouvelle, le
zèle de l'administration, et le besoin de se distinguer, doivent produire des travaux im-
menses en peu de temps; chacun de messieurs
les Préfets a transmis aux Communes un système de chemins vicinaux de grande communication, et tout porte à croire que l'on va voir
se renouveler en France un de ces miracles
d'organisation improvisée dont elle a donné des
exemples si étonnants à différentes époques.
Mais lorsqu'on aura construit de toutes parts,
il faudra songer à entretenir : un bon système
d'entretien est donc au moins aussi important
qu'un bon système de construction; car c'est
lui en définitive qui empêchera que les dépenses que l'on va faire ne soient perdues,
c'est lui qui fera qu'on aura vraiment de bonnes
routes, c'est lui enfin qui fera qu'on les aura
bonnes avec toute l'économie possible.

Quels sont les préceptes à suivre pour parvenir à ce résultat? Nous les chercherons dans
l'expérience de ceux que leurs fonctions ont
mis à même d'observer les meilleures méthodes;
nous les prierons de venir à notre aide, et, afin
que nos paroles inspirent plus de confiance,
nous indiquerons les sources où nous puise-
rons; ce sera en même temps reporter sur ceux

qui y ont droit le mérite des observations que nous n'avons aucunement la prétention de nous attribuer.

L'instruction que nous avons reproduite contient, du n° 24 au n° 28 inclus, des dispositions qui, exactement suivies, suffiraient pour bien entretenir un chemin vicinal; nous y ajouterons quelques développements, et c'est à monsieur l'ingénieur des ponts et chaussées *Berthault-Ducreux*, que nous aurons recours pour cela : nous engageons tous ceux qui veulent acquérir des connaissances plus étendues que celles que nous pouvons donner ici, à lire ce qu'il écrit sur l'art d'entretenir les routes. Laissons-le parler :

« Rappelons, dit-il, un principe qui ne souffre pas d'exceptions, et qui, bien qu'il n'ait jamais été appliqué aux chemins, leur est cependant essentiellement propre; il peut être énoncé ainsi : Plus un objet est susceptible de détériorations, d'avarie, plus il faut de soins pour les prévenir ou les arrêter; chacun connaît ce mot de la bonne ménagère, *savoir refaire un point à temps*, et chacun apprécie sa justesse. Tous nos ouvrages sont soumis à ce principe; mais il en est peu qui doivent moins le perdre de vue que les routes, parce qu'il en est peu qui à chaque instant soient aussi exposés. Créées pour être attaquées sans cesse, ce n'est pas seulement contre les intempéries que nous devons les protéger, c'est contre une action plus permanente encore, celle même à qui elles doivent leur existence. Ainsi, continuellement soumises à des dégradations journalières, ce n'est que par des réparations journalières qu'il est possible de prolonger, de renouveler leur existence.

» Commençons par nous rendre compte de la manière dont les routes se détériorent; car, pour modifier ou détruire un effet quelconque, il importe toujours de connaître ses causes et leur mode d'action. Les causes de détérioration de tous les chemins sont : les pluies, l'humidité, la gelée et la circulation ; s'il en existe d'autres, elles ne sont pas encore connues, et il serait fort difficile de démontrer, par des faits journaliers, que leur influence n'est pas appréciable.

» L'action des agents destructeurs que nous venons de citer est modifiée d'une manière remarquable par l'espèce de route, la nature du sol, celle des matériaux, leur mode d'emploi, celui de l'entretien, les pentes et les rampes, l'exposition, la nature des vents régnants, le voisinage des rivières ou des montagnes, etc. Il résulte de cette grande variété de circonstances accessoires, que l'action dont il s'agit est moins facile à reconnaître et à isoler. Tout le

monde sait que les pluies pénètrent plus ou
moins le sol des routes, qu'elles le ramollissent,
et le rendent plus pénétrable aux roues; que la
gelée fait éclater, déliter, effeuiller certaines
parties de leur substance; que la circulation les
fatigue, les use, souvent les pénètre et les la-
boure. Voyons si, en examinant de près la manière dont les dégradations ont lieu, on ne peut
pas obtenir quelque éclaircissement sur les
moyens de les prévenir, et, quand elles existent,
de les réparer.

» Pendant les temps secs, une route en empierrement bien soignée, et par conséquent sans
ornière, sans pierres errantes, sans inégalités
fortes, n'éprouve point de chocs; les voitures
roulent doucement sur sa surface et y exercent
un frottement si faible, qu'il faut un temps bien
long et un renouvellement fréquent pour en
rendre l'effet sensible. Lorsque la chaussée a été
formée ou chargée avec des matériaux un peu
trop gros, comme ceux, du reste, qu'on emploie
encore dans presque toute la France; lors surtout
qu'ils sont un peu durs, ou que le roulage habituel est peu pesant, la surface est raboteuse,
et elle cause au voyageur à peu près le même
frémissement que ferait un pavage bien fait en
cailloux roulés d'une petite dimension. Une
chaussée semblable a l'inconvénient de se dé-

grader plus tôt, parce qu'elle donne lieu à des chocs, et que, malgré leur faiblesse, ils n'en sont pas moins des forces vives.

» Faisons un pas de plus vers les mauvaises routes, et supposons qu'on y laisse des pierres errantes, ainsi que cela n'a lieu que trop souvent; ces pierres, rencontrées par les roues, donnent lieu à des chocs bien autrement nuisibles que les précédents; ce sont de vrais cahots. Quand elles ont peu de dureté, le mal est moins grand, parce qu'elles sont promptement écrasées; mais, dans le cas contraire, elles sont promenées d'un point à un autre, et plus leur trajet est long, plus elles font de mal, parce que, à chaque pas, elles laissent leur trace. Ces pierres sont le plus souvent jetées par les laboureurs, et elles sont d'ordinaire assez dures, attendu qu'ayant été tantôt enfouies, tantôt à l'air, elles ont résisté aux chocs de la charrue et aux intempéries. Un cantonnier intelligent a grand soin de les ramasser et de les réunir par petits tas, hors de la portée des roues.

» La circulation a lieu généralement sur le milieu de la chaussée, parce que c'est effectivement sa position la plus avantageuse. Que résulte-t-il de là? que les roues suivent constamment le même tracé, et qu'elles finissent par créer deux ornières. Voilà l'époque à laquelle

commence le mal, et on ne peut assez tôt y porter remède. Tant qu'il n'y aura pas de frayé
isolé et distinct, la fatigue se distribue, sinon
uniformément, au moins avec assez de variété
pour que les traces des roues s'avoisinent ou
s'entrecroisent sans entamer aucunement la
route; elles ne sont plus visibles, dans les temps
secs, que par le poli que les roues impriment sur
la poussière. Cette variété de répartition dans
la fatigue, est, comme chacun le conçoit aisément, ce qu'il y a de plus important à obtenir,
et plus son champ d'exercice sera étendu, moins
il y aura de chances à formation d'ornières. *Cet
avantage s'obtiendra par l'empierrement de toute la
largeur de la route.* Un second moyen consiste à
faire disparaître les ornières au moment même
où elles se forment; et lorsqu'elles sont bien prononcées, c'est de rabattre les bourrelets dans
leur entier.

» C'est ici le cas de parler d'un principe susceptible de nombreuses applications : c'est qu'il
en coûte toujours beaucoup plus pour réparer
une dégradation que pour la prévenir. Il est
peu d'exemples, peut-être, auxquels ce principe s'adapte mieux qu'à celui qui nous occupe :
une route que l'on a pu entretenir très-facile-
ment pendant la belle saison, commence à présenter plus de difficultés lorsque le moment des

pluies arrive. La chaussée, qui, dans toute son étendue, était ferme et dure, se laisse peu à peu attendrir dans quelques-unes de ses parties. Si on ne s'empresse de faire écouler les eaux, elles se convertissent promptement en boue, et, maintenant le sol dans une humidité constante, facilitent singulièrement l'effet destructeur des roues. Si, au contraire, on a eu soin de détruire les ornières à leur naissance, les eaux éprouvent beaucoup moins de difficultés à se rendre d'elles-mêmes dans les fossés. Si elles séjournent quelque part, ce ne peut être qu'en couches très-minces, et alors le racloir, la pelle ou un balai, les dispersent en un instant. Dans cet état, quelques heures de soleil, d'un vent desséchant ou d'un air sec, suffisent pour donner lieu à une amélioration notable, surtout s'il y a peu ou point d'arbres dans les environs. Si on a laissé se former des ornières, si surtout on n'a pas empêché qu'elles se creusent, il devient très-difficile de remédier au mal. On ne saurait trop le répéter, il en coûtera toujours beaucoup moins pour empêcher les dégradations que pour les réparer.

» Au nombre des conclusions qu'on peut tirer de ce qui précède, il en est plusieurs qui concernent les deux principaux agents destructeurs des routes, l'eau et la circulation. Puisque cette dernière ne fait point ou presque point

de mal dans les temps secs à un chemin bien
soigné, il est clair qu'elle n'est nuisible que
par la présence de l'eau, et que, sans elle, rien
ne serait plus facile que d'avoir constamment de
bonnes routes.

» Dès que les routes sont mouillées ou simplement humides, l'eau s'insinue entre les po-
res des pierres et de la poudre qui les lie, elle
les attendrit, et met en pâte cette dernière. Cet
effet a lieu d'abord à la superficie; il remet de
nouveau, pour ainsi dire, à nu les pierres angu-
leuses, rend chaque pierre plus susceptible
d'être dérangée et brisée par le choc et la pression, permet à l'humidité de l'environner de
toutes parts, de la pénétrer; en deux mots,
la rend bien plus facilement attaquable. Les
scieurs et les polisseurs de pierres connaissent
très-bien cet effet de l'eau, et ils s'en servent
pour abréger considérablement leur travail.

» Lorsque le corps poudreux est ramolli, la
pression des roues fait d'abord enfoncer légèrement les pierres, et par conséquent refluer
la pâte terreuse qui les sépare : il doit donc y
avoir d'abord formation de boue plus épaisse,
puis, lorsque les roues suivent un même tracé,
création de petits bourrelets composés presque
uniquement de pâte fine, à peine mélangée de
parties graveleuses. Si les pluies cessent, et

qu'il vienne un temps sec, le mal s'arrête; si l'humidité continue de régner, il fait de nouveaux progrès; les graviers fins, puis les petites pierres commencent à être déplacées; les roues étroites et celles à jantes larges se succédant indistinctement, exercent sur les matériaux des pressions en sens divers, et finissent par déranger ceux dont la position est la moins favorable. C'est alors que le règne des dégradations est arrivé, et qu'elles marchent avec rapidité. Les roues, qui d'abord n'agissaient que par le frottement et la pression de leur circonférence, commencent à exercer latéralement un effet d'autant plus énergique, qu'il a acquis la puissance de levier, et que ce levier s'allonge de la quantité même dont l'ornière s'approfondit. Une ornière succède à une autre, et de véritables sillons se forment partout. Si, à cette époque, on ne touche pas encore à la belle saison, s'il ne survient pas un temps sec ou des gelées, qui donnent aux ouvriers le temps de porter remède au mal, on ne peut parvenir à le réparer. On rabat les bourrelets dans les ornières, mais ils forment, avec l'eau et la boue, une pâte sans fermeté, et ils sont promptement repoussés au dehors. Des matériaux neufs, surtout s'ils sont bien anguleux, bien secs et pas trop fins, peuvent faire alors beaucoup de bien : *ils ne sau-*

raient former une bonne route, mais ils la rendent moins mauvaise. Aussi, lorsqu'on voudra
ne donner aux chemins que peu de main-d'œuvre, que des soins peu assidus, il sera fort à
propos de réserver des approvisionnements pour
les temps de pluies. Cette méthode, comme on
s'en convaincra de plus en plus, est très-mau-
vaise, très-dispendieuse, et doit être proscrite ;
mais, dans quelques circonstances accidentelles,
elle peut trouver son application.

» D'après ce qui précède, il reste peu de chose
à dire pour apprécier suffisamment le mode
d'action des agents destructeurs des routes. Nous
avons examiné celui de la circulation et celui
des eaux, nous n'avons plus qu'à parler de celui
des gelées. En général, on les considère comme
très-préjudiciables aux chemins ; mais c'est à
tort pour les chemins en empierrement, c'est-
à-dire pour le plus grand nombre. Que se pas-
se-t-il en effet quand il vient des gelées, et surtout lorsqu'elles se prolongent des dix, quinze
jours et plus? Tout alors devient ferme et solide, et, ce qui est déjà un très-grand avantage,
le roulage ne fait plus de mal. De plus, les ouvriers peuvent sortir la glace des ornières, y rabattre les bourrelets et unir toute la chaussée. Les
voitures alors commencent à circuler indistinctement sur toute sa surface, et au bout de quel-

que temps, une route est aussi belle, aussi lisse que dans les plus beaux jours de l'été.

» Mais, dira-t-on, lorsque le dégel arrive, tout doit de nouveau se mettre en boue ; car le peu de glace que vous avez enlevée n'a pas fait disparaître celle que renfermaient les bourre-lets, et que vous avez rabattue dans les or-nières. Je n'en disconviendrai pas ; mais voici ce que je répondrai : Par le fait du nouveau poli qu'ont reçu les routes, les chevaux ont pu poser le pied librement et commodément par-tout ; ils ont changé le frayé, et les roues ne fatiguant plus les parties qu'elles avaient sillon-nées, il est probable que la viabilité a éprouvé une amélioration.

» Un des articles importants de l'entretien des routes, est l'époque du répandage : quelle que soit la diversité des opinions à cet égard, il est reconnu qu'il ne faut pas attendre que le ter-rain soit trop mouillé ou trop sec.

» A la sortie de l'hiver, les chemins sont très-humides ; ils ont grand besoin de se res-suyer, pour se servir de l'expression des culti-vateurs, et ce n'est pas le cas de les couvrir d'un manteau. Mais, d'un autre côté, si l'on attend un temps trop sec, les nouveaux maté-riaux ne peuvent plus pénétrer dans la chaus-sée qu'avec peine ; ils sont alors plus facilement écrasés, et s'amalgament moins bien avec les anciens.

» Pour mieux opérer cette union, il arrive souvent que, d'après Mac-Adam, on pique les chaussées pour les dépolir; mais il ne sera pas difficile de faire comprendre que cette opération est tout-à-fait mal vue. Les empierrements sont formés, comme on le sait, d'un mélange de pierres de diverses grosseurs et de poudres plus ou moins fines, qui toujours sont susceptibles de former, avec l'eau, des pâtes de consistances diverses. Quand on pique une chaussée, quelque légèrement qu'on le fasse, on attaque presque autant les pierres que les poudres, et on les ébranle toujours un peu. Or tout le mal qu'on leur fait est une perte, non-seulement par son effet même, mais encore par la main-d'œuvre qu'il exige et l'usure remarquable qu'il cause aux outils. Au lieu d'en agir ainsi, n'est-il pas beaucoup plus simple de mettre à profit le travail de l'humidité même? Elle ramollit la poudre qui unit les pierres, et si, avant que cette poudre soit sèche, on étend les fournitures, elles s'incorporent infiniment mieux avec la chaussée, font refluer légèrement la pâte, et donnent lieu à beaucoup moins de vide. Dans la méthode du picage, les pierres répandues donnent toujours lieu à l'action de corps durs, c'est-à-dire à un effet nuisible. L'objet dont on vient de parler semble peú de chose, et il est cependant d'un haut intérét.

» On comprend aisément, d'après les observations qui précèdent, qu'il vaut mieux choisir un moment où les routes sont plutôt un peu humides que trop sèches. Un inconvénient du mode général de répandage, est d'avoir lieu à peu près tout à la fois dans chaque localité, de manière que, pendant un laps de temps assez long, des étendues considérables de routes sont on ne peut moins roulantes et fatiguent beaucoup les attelages. Il existe un moyen bien simple de le diminuer, c'est de répartir, sur diverses époques de l'année, l'opération qui le fait naître. Nous avons dit que le point essentiel était de choisir un moment où les parties de chaussées à couvrir étaient suffisamment humides pour permettre aux nouvelles pierres de pénétrer un peu dans leur couche supérieure. Or comme il suffit, pour produire cet effet, de quelques jours de pluie en été et d'un temps humide au printemps ou en automne, il est clair qu'il n'y a point d'année où il ne soit facile d'opérer la répartition dont il s'agit, sur cinq à six époques suffisamment distantes. »

En résumé de toutes les observations que nous venons d'extraire des ouvrages de monsieur l'ingénieur Berthault - Ducreux, il faut conclure que le bon entretien des chemins et des routes consiste à les tenir, autant que possible, exempts d'humidité; à réparer à l'instant même les petites dégradations qu'ils éprouvent, pour qu'ils soient unis et sans secousses; et que ce n'est que par un travail journalier fait à propos et avec soin, que l'on parviendra à obtenir ce double résultat.

Pour les tenir secs, il faut qu'ils ne soient pas trop larges, qu'ils soient empierrés en entier, bombés au milieu, débarrassés des dépôts de matériaux, les fossés bien entretenus, les boues retirées, et les flaques et ornières remplies aussitôt qu'elles se forment. Si on n'adopte pas ce mode, sans aucun doute préférable, de l'empierrement total, il faut tenir les accotements assez bas et en pente douce, pour que l'eau puisse s'écouler vers les fossés, et avoir soin que les dégradations de ces accotements soient réparés aussitôt que possible, pour qu'elles ne portent pas obstacle à l'écoulement des eaux. Une recommandation à laquelle il faut également avoir égard, est celle de donner de la pente aux fossés, pour que l'eau n'y séjourne pas; car des fossés complètement remplis d'eau sont de nul effet pour le dessèchement du chemin.

Pour avoir des routes unies, il faut que leur couche supérieure soit faite en petites pierres assez égales ; si cela n'a pas lieu , casser toutes les pierres qui excèderaient la surface de la route , n'y pas laisser de pierres roulantes, rabattre les frayés aussitôt qu'ils se forment, tenir constamment le chemin en état d'être parcouru dans toute sa largeur.

(*L'instruction qui précède a été empruntée presque en entier dans les ouvrages sur cette matière, par messieurs Berthault-Ducreux, ingénieur des ponts et chaussées, et O'Donnel, maître des requêtes au Conseil d'État.*)

Cantonniers.

Pour mettre à exécution les moyens indiqués dans l'instruction qui précède, pour l'entretien des routes et des chemins, il faut absolument des cantonniers ; sans eux il ne peut y avoir de voies de communication en bon état. Mais malheureusement un grand nombre de Communes sont dans l'impossibilité de pourvoir à une pareille dépense pour l'entretien de leurs chemins vicinaux. Voici, pour celles qui sont dans ce cas, le projet que je soumets à la sollicitude de leurs magistrats :

Choisir les cantonniers parmi les familles in-
digentes, dont le traitement serait peu dispendieux, et qui soulagerait le pauvre, parce que
le chef de la maison pourrait employer ses enfants, garçons et filles, de l'âge de dix à douze
ans, à l'entretien des chemins vicinaux. Ils seraient aptes à casser les pierres et les cailloux,
à combler les ornières, à nettoyer le chemin, à
y répandre les matérianx que la Commune y
ferait transporter.

Il suffira de cette indication pour engager
messieurs les Maires à fonder cette institution
à la fois utile et philantropique, qui produira,
je n'en doute pas, les meilleurs effets, tant dans
l'intérêt de la Commune que dans celui des in-
digents. Bien entendu qu'on n'emploiera ces cantonniers enfants que lorsque le chemin sera à
l'état d'entretien. Enfin, le père de nos petits
cantonniers n'aurait à s'occuper que des réparations qui exigent l'intelligence et la force de
l'homme fait, qui sont peu nombreuses. En outre, il arriverait souvent que nos jeunes ouvriers
feraient leur besogne en gardant leurs trou-
peaux.

On pourrait charger le garde-champêtre de
surveiller les travaux pendant ses tournées, et
d'en faire tous les dimanches son rapport au
Maire.

Des Roues à Jantes étroites et à Jantes larges.

Les roues à jantes étroites défoncent les chemins ; les ornières profondes qu'elles creusent dans la chaussée ébranlent les matériaux qui s'y trouvent, occasionent des fissures par lesquelles l'eau s'introduit dans la chaussée, qui en est promptement ruinée.

Ne prendra-t-on jamais des mesures efficaces pour obliger partout les cultivateurs à abandonner les jantes étroites pour employer les jantes larges? S'il en était ainsi, ces routiniers, qui méconnaissent leurs intérêts, auraient à l'instant même la preuve incontestable que leurs charrettes, plus roulantes, auraient l'avantage, qui, dans certaines limites, augmente avec la largeur des jantes, et est d'autant plus sensible que le chemin est plus tirant. Pour convaincre les plus incrédules sur les avantages du système des véhicules à larges jantes, il suffira de cette démonstration pratique :

Chargez sur une terre fraîchement labourée deux charrettes d'un poids égal, l'une à jantes étroites et l'autre à jantes larges, attelez deux bœufs à la première, elle ne partira pas ; prenez les mêmes bœufs, attelez-les à la charrette à larges jantes, et vous la verrez rouler facilement. Pourquoi cette différence? Pourquoi !... Par une raison bien simple, qui devrait être comprise de tout le monde : c'est que les roues larges embrassent une plus grande surface que les petites, ce qui fait qu'elles s'enfoncent beaucoup moins.

Un autre avantage en faveur de l'agriculture, résultant de l'emploi des roues à larges jantes, se prend de ce que, en tout temps, on peut transporter des engrais dans les prairies fraîches, sans les détériorer, opération que ne peut pas se permettre le cultivateur avec une charrette à jantes étroites, sans dégrader son pré, surtout dans les années pluvieuses; ce qui le prive d'améliorer sa propriété.

Des départements sont encore privés de ce moyen conservateur de la viabilité des chemins vicinaux ; mais je m'empresse de dire qu'il n'en est pas ainsi de celui de la Gironde, dont les Communes, sans exception, jouissent depuis plus de douze ans de charrettes à larges jantes. Mais monsieur le baron d'Haussez en était Préfet ; il me disait : « On crie dans les campagnes contre les mesures sévères que je prends pour obliger mes administrés à employer les jantes larges. — Oui, monsieur le Préfet, répondais-je;

on fait plus, on se fâche. — Ah! on se fâche ;
encore un peu de temps, et on me bénira. » La
prophétie de l'honorable et habile administrateur s'est réalisée.

TARIF

POUR LE TRANSPORT DES MATÉRIAUX.

*Charrois qu'une charrette bouvière attelée de deux
bœufs d'une force moyenne peut faire dans une
journée, et la quantité de matériaux qu'elle
transporterait, calculée sur les distances ci-
après.*

A 1000 mètres.	9 voyages.	6,00 mèt. cubes.
A 900 —	10 —	10,66 —
A 800 —	11 —	7,32 —
A 700 —	12 —	8,00 —
A 600 —	13 —	8,66 —
A 500 —	15 —	10,00 —
A 400 —	17 —	11,33 —
A 300 —	20 —	13,33 —
A 200 —	24 —	16,00 —
A 100 —	30 —	20,00 —

NOTA. *Ce tarif servira à fixer les transports de
matériaux à la tâche.*

12

A la distance de cent mètres, il est plus avantageux d'employer la brouette que la charrette, par la raison qu'elle prend trop de temps à la charge, tandis que la brouette, si les stations sont bien combinées, est toujours en mouvement.

Un relais pour le jeu de la brouette est de trente mètres.

Vingt brouettes chargent une charrette bouvière attelée de deux bœufs, ou les deux tiers d'un mètre cube de matériaux.

Ces calculs auront besoin d'être modifiés dans la pratique, en raison de la force des attelages des chevaux, bœufs, vaches, etc. Messieurs les Maires ne perdront pas de vue, dans la répartition des contingents entre les prestataires, ces indications, qui, mises en pratique, amèneront une justice distributive, qui préviendra les murmures, les plaintes et les réclamations.

Prestation en nature convertie en tâche.

L'emploi de la tâche à l'exécution des travaux est sans doute le meilleur moyen de faire rendre à la prestation en nature tout ce qu'elle peut, tout ce qu'elle doit rendre, dans l'intérêt public et même dans celui des prestataires. Mais tous les travaux ne peuvent exclusive-

ment s'exécuter d'après cette méthode ; il faut
y faire concourir le travail à la journée. Voici
donc ceux qui doivent y être soumis : *Les dé-*
blais, les remblais qui composent les terrassements,
l'extraction des matériaux, la réunion des pierres
et cailloux épars en tas faciles à charger, leur
distribution sur le chemin. Ces travaux, exigés à
la tâche, seraient hors de l'intelligence de beaucoup d'administrations locales, et quand même
elles pourraient fixer justement la portion de
travaux à exécuter à chacun des prestataires,
cette répartition ne serait pas comprise, de telle
sorte que la confusion s'introduirait parmi les
travailleurs, d'où résulterait le désordre, une
grande perte de temps et de mauvais ouvrages.
Il est donc indispensable de faire exécuter à la
journée les travaux que je viens d'indiquer, de
manière qu'il ne reste plus à convertir en tâche
que les travaux suivants : 1º *l'ouverture et le*
curage des fossés; 2º *le transport des matériaux*
sur le chemin; 3º *le cassage des pierres et des*
cailloux; 4º *leur emmétrage et les empierrements.*

Pour rendre fructueuse cette méthode dans
la pratique, voici deux tableaux qui peuvent
être de quelque utilité à messieurs les Maires,
dans la répartition des travaux à la journée et
à la tâche.

TRAVAUX A LA JOURNÉE.	MÈTRES cubes.	Représentant en ARGENT.	En JOURNÉES.
1°. Distance des matériaux au chemin, 00 mèt.			
2°. Terrassements qui se composent { en déblais / en remblais	»	»	»
3°. Extraction des matériaux	»	»	»
4°. Pierres et cailloux à ramasser	»	»	»
5°. Distribution des matériaux sur le chemin . .	»	».	»

TRAVAUX A LA TACHE.	MÈTRES COURANTS	MÈTRES CUBES.	En ARGENT.	En JOURNÉES.
1°. Ouverture des fossés.	»	»	»	»
2°. Curage des fossés.	»	»	»	»
3°. Cassage des pierres et des cailloux.		»	»	»
4°. Transport des matériaux.		»	»	»
5°. Emmétrage.		»	»	»
Empierrement.		»	»	»

Au moyen de ce travail préparatoire, l'administration municipale pourra facilement déterminer le nombre de manœuvres et de charrettes à employer aux réparations des chemins vicinaux qu'elle aura désignés, ainsi que la répartition des travaux entre les prestataires, soit à la journée, soit à la tâche.

FORMULES.

La plus grande difficulté des fonctions municipales consiste dans la rédaction de leurs actes, dont la régularité dépend souvent de la formule employée. C'est pourquoi je comprends dans cet ouvrage tous les modèles que comportent les matières qui y sont traitées.

Tarif d'évaluation des Travaux à la tâche.

Délibération du Conseil municipal.

Séance du.....

Où ont assisté MM. N....., Maire, et NN....., Conseillers municipaux.

Le Conseil :

Vu le dernier paragraphe de l'art. 4 de la loi du 21 mai 1836, portant : « La prestation en » nature, non rachetable en argent, pourra être » convertie en tâche, d'après les bases des éva- » luations des travaux préalablement fixées par » le Conseil municipal »;

Considérant, qu'avant d'imposer aux presta- taires l'obligation d'exécuter à la tâche leur prestation en nature, il est indispensable de fixer l'évaluation des travaux ;

Est d'avis :

Que le tarif en soit fixé ainsi qu'il suit :

1º. Le mètre courant de fossés à ouvrir. 000 00

2º. Le mètre courant de fossés à curer. 000 00

3º. Le mètre cube de pierres et de cailloux à ramasser. 000 00

4º. Le mètre cube de matériaux à extraire. 000 00

5º. Le mètre cube de matériaux à transporter. 000 00

6º. Le mètre cube de matériaux à emmétrer 000 00

7º. Le mètre cube de pierres et de cailloux à casser 000 00

8º. Le mètre cube d'empierrement . . 000 00

9'. Le mètre cube de terrassement . . 000 00

10º. Le mètre cube de matériaux à étendre sur le chemin. . . . . 000 00.

La présente délibération sera soumise à l'approbation de M. le Préfet (1), par l'intermédiaire de M. le Sous-Préfet.

_____

(1) Les règlements d'administration publique n'étant pas dans les attributions des Conseils municipaux, leurs délibérations sur ce point doivent toujours être soumises à l'approbation du Préfet.

Délibéré à la mairie, les jour, mois et an ci-dessus.

Les sus-nommés ont signé après lecture. (Si quelqu'un d'eux ne sait signer, en faire mention.)

Nota. Ce tarif sera délibéré tous les ans par le Conseil municipal, par la raison que les matériaux seront plus ou moins éloignés du chemin, les fossés d'une différente dimension, etc.

Désignation des Chemins à réparer.

Délibération du Conseil municipal.

Séance du.....

Où ont assisté MM. N....., Maire, et NN....., Conseillers municipaux.

Le Conseil, délibérant sur la réparation des chemins vicinaux pendant la présente année ;

Vu l'état des ressources dont la Commune peut disposer ;

Vu les états de classement des chemins vicinaux ;

Ouï les observations de MM. le Maire et agent voyer ;

Considérant que le meilleur moyen de travailler avec économie et succès à la réparation des chemins vicinaux, c'est de ne pas entreprendre trop de travaux à la fois, par un motif facile à comprendre, qu'en les éparpillant sur trop de points, on ne parvient jamais à mettre les chemins à l'état d'entretien, et qu'il résulte de cet état de choses, qu'il faut revenir chaque année sur des travaux mal entrepris, ce qui ajourne presque indéfiniment la restauration des chemins vicinaux et cause une grande perte de temps, et des dépenses inutiles en journées et en argent;

Est d'avis:

Que les travaux de cette année seront exclusivement portés sur les chemins ci-après, qui sont les plus fréquentés, les plus utiles, et ceux dont la réparation est la plus urgente:

1°. Le chemin appelé de..... n° 1;

2'. Le chemin appelé de..... n° 4.

M. le Maire est chargé de l'exécution de la présente délibération, qui sera présentée à l'approbation de M. le Préfet, par l'intermédiaire de M. le Sous-Préfet.

Délibéré à la Mairie, les jour, mois et an ci-dessus.

Les sus-nommés ont signé après lecture.

Nomination des Commissaires pour conduire et surveiller les Travaux.

Délibération du Conseil municipal.

Séance du.....

Où ont assisté MM. N....., Maire, et NN.....,
Conseillers municipaux.

Le Conseil :

Vu sa délibération en date du....., approuvée
par M. le Préfet, qui désigne les chemins qui
doivent être réparés cette année;

Considérant qu'il est utile d'investir de sa
confiance des citoyens capables et amis du bien
public, pour conduire et surveiller les travaux
de réparation des chemins vicinaux ;

Délibère :

Que MM. NN..... sont nommés pour diriger
et surveiller les travaux à exécuter cette année
sur le chemin vicinal n° 1, appelé de....., et
MM. NN..... pour celui n° 4, appelé de.....

Ils instruiront jour par jour et par écrit M. le
Maire, des nom, prénoms et demeure des prestataires qui ne se seraient pas rendus aux ateliers,
qui auraient quitté les travaux avant l'heure
fixée, enfin qui s'y seraient trouvés trop tard, à

moins de causes légitimes. A cet effet, la liste des prestataires requis leur sera remise par M. le Maire, qui est chargé de l'exécution des présentes, et de fournir à MM. les commissaires tous les documents et instructions nécessaires pour qu'ils puissent remplir avec fruit leur honorable mission.

Fait à la mairie, les jour, mois et an ci-dessus.

Les sus-nommés ont signé après lecture.

Travaux à la Journée et à la Tâche.

Délibération du Conseil municipal.

Séance du.....

Où ont assisté MM. N....., Maire, et NN....., Conseillers municipaux.

Le Conseil :

Vu sa délibération du....., qui indique les chemins vicinaux sur lesquels doivent être portés les travaux cette année ;

Vu la loi du 21 mai 1836, les règlements et instructions y relatifs ;

Vu le rôle de la prestation en nature ;

Vu le rapport de M. l'agent voyer (à son défaut celui de M. le Maire) sur les travaux à exécuter sur les chemins vicinaux n°s 1 et 4 ;

Considérant que le moyen le plus sûr et le plus économique est d'employer les deux modes réunis, de la journée et de la tâche;

Est d'avis:

Qu'il soit exécuté, sur les deux chemins dont il s'agit, la nature des travaux suivants :

A la Journée. — Chemin n° 1.

Déblai.	» mètres cubes.	
Remblai.	»	—
Extraction de matériaux	»	—
Pierres et cailloux à ramasser.	»	—
Distribution des matériaux sur le chemin.	»	—

A la Tâche.

Curage des fossés. . . .	» mètres courants.	
Ouverture des fossés . .	»	—
Transport des matériaux.	» mètres cubes.	
Cassage des pierres et des cailloux	»	—
Emmétrage.	»	—
Empierrement.	»	—

(*Même rédaction pour le chemin n° 4.*)

M. le Maire est chargé de l'exécution de la présente délibération et de la répartition des travaux entre les prestataires, ainsi que de la désignation des ateliers et des travailleurs qui y seront employés.

La présente délibération sera soumise à l'approbation de M. le Préfet, par l'intermédiaire de M. le Sous-Préfet.

Délibéré à la mairie, les jour, mois et an ci-dessus.

Les sus-nommés ont signé après lecture.

Prestations en nature.

AVERTISSEMENT.

N°   *Terrasse.*

M. N..... est prévenu qu'il est de service le..... 184

En conséquence, il voudra bien se rendre au chemin appelé de....., à..... heures précises du matin, avec une pioche et une pelle, pour travailler sur ce chemin.

Le Maire,

Prestations en nature.

AVERTISSEMENT.

N°   *Charrois.*

M. N..... est prévenu qu'il est de service de voiture le..... 184

En conséquence, il voudra bien se rendre au chemin appelé de....., à..... heures précises du matin, avec sa charrette attelée de....., pour travailler sur ce chemin.

Le Maire,

Offres gratuites par les Propriétaires riverains d'un Chemin vicinal classé de grande communication, des Terrains nécessaires pour son élargissement. — Nomination des Commissaires pour examiner et constater l'étendue des Terrains offerts, et en faire un rapport au Conseil.

Délibération du Conseil municipal.

Séance du.....

Où ont assisté MM. N....., Maire, et NN....., Conseillers municipaux.

Le Conseil :

Vu les offres de plusieurs propriétaires, ayant pour objet la cession gratuite des terrains nécessaires à l'élargissement du chemin vicinal de petite communication n° 2, appelé de....., compris dans celui de grande communication de..... à....., classé par le Conseil général sous le n° 3, dont la largeur fixée par arrêté de M. le Préfet, en date du....., est de dix mètres, fossés compris ;

Délibère, qu'avant de donner son avis, elle nomme, pour lui faire un rapport écrit sur cette affaire, MM. N....., Maire, et NN....., Conseillers municipaux.

M. le Maire est chargé de l'exécution de la présente délibération.

Délibéré à la mairie, les jour, mois et an ci-dessus.

Les sus-nommés ont signé après lecture.

Séance du.....

Où ont assisté MM. N....., Maire, et NN....., Conseillers municipaux.

Rapport des Commissaires.

M. le Maire a ouvert la séance, et s'est exprimé en ces termes :

« Messieurs,

» La commission dont j'ai l'honneur d'être
» l'organe, que vous avez nommée dans votre
» séance du....., pour constater la quantité du

» terrain offert gratuitement par MM. NN.....,
» dans l'objet d'élargir le chemin de petite com-
» munication appelé de....., n° 2, compris dans
» le chemin de grande communication n° 3,
» s'est transportée sur les lieux, où se sont réu-
» nis MM. les propriétaires des terrains offerts
» et M. l'agent voyer; à laquelle opération il a
» été procédé ainsi qu'il suit :

» Le chemin dont il s'agit a sa direction du
» nord au sud; la quantité de terrain nécessaire
» à son élargissement a été fixée d'un commun
» accord dans les proportions suivantes :

» A l'est et à l'ouest, pour chacun de ces deux
» côtés, 00 mètres de largeur et 00 mètres de
» longueur.

» Ce préalable rempli, il a été procédé à la
» répartition entre chacun desdits propriétaires,
» des terrains par eux offerts, de la manière qui
» suit :

Côté Est.

» M. N....., propriétaire, domicilié à R.....,
» en largeur, 00 mètres; en longueur, 00 mètres;
» superficie, 00 mètres carrés.

» M. N....., propriétaire, demeurant à R.....;
» en largeur, 00 mètres; en longueur, 00 mètres;
» superficie, 00 mètres carrés.

» M. N....., propriétaire, habitant à R... .;

» en largeur, 00 mètres; en longueur, 00 mètres;
» superficie, 00 mètres carrés.

Côté Ouest.

» M. N....., négociant, domicilié à R.....;
» en largeur, 00 mètres; en longueur, 00 mètres;
» superficie, 00 mètres carrés.
   » M. N....., cultivateur, demeurant à R.....;
» en largeur, 00 mètres; en longueur, 00 mètres;
» superficie, 00 mètres carrés.
   » Cette opération terminée, nous avons ajour-
» né MM. les propriétaires sus-nommés, à se
» trouver cejourd'hui à la mairie, dix heures
» du matin, pour assister à la délibération qui
» sera prise par le Conseil municipal.
   » Fait sur les lieux, le..... Les comparants
» ont signé après lecture. » (Si quelqu'un d'eux
ne sait signer, en faire mention) (1).

---

(1) Je pense qu'il serait bien, dans toutes les affaires importantes où le Conseil municipal est appelé
à voter, qu'il nommât une commission prise dans son
sein, pour lui faire un rapport sur l'objet à mettre en
délibération. Ce rapport éclairerait la discussion. Car
qu'arrive-t-il sans ce secours la plupart du temps? Il
arrive, aux séances des Conseils municipaux dont les

Le Conseil :

Ouï le rapport de ses commissaires, et les observations de M. l'agent voyer ;

Considérant l'avantage qu'il y a pour la Commune, d'accepter l'offre gratuite des terrains dont il s'agit;

Est d'avis :

Que les offres faites par MM. NN. ... doivent être acceptées, conformément à la quantité des

---

membres ne sont convoqués que de la veille ou depuis deux jours, qu'ils s'y présentent sans être préparés sur l'objet de la convocation, souvent même sans savoir ce dont il s'agit : le maire met l'affaire en délibération, les opinions se croisent et se heurtent faute de comprendre et de s'entendre. Enfin, de guerre lasse et après beaucoup de bruit, il faut en finir. C'est alors que le Maire met aux voix l'objet en discussion : on vote une délibération dont les motifs sont mal posés, au lieu que, par le rapport d'une commission, on parvient à des délibérations en harmonie avec les principes et les lois.

Ce mode aurait deux avantages précieux : le premier, d'introduire les Conseils municipaux dans les voies d'une bonne administration; le second, de mettre les Préfets à même d'approuver au lieu de rejeter.

terrains tels qu'ils sont désignés en contenances au rapport de la commission qui précède.

Messieurs les propriétaires des terrains dont il s'agit, ici présents, déclarent en transmettre gratuitement la propriété à la présente Commune, pour être exclusivement employés à l'élargissement du chemin vicinal n° 2, appelé de....., et ce, sans aucune autre formalité de justice.

La présente délibération sera soumise à l'approbation de M. le Préfet, par l'intermédiaire de M. le Sous-Préfet.

Délibéré à la mairie, les jour, mois et an ci-dessus.

Les sus-nommés ont signé après lecture. (Si quelqu'un d'eux ne sait ou ne peut signer, en faire mention.)

Nota. Cette rédaction doit suffire, sauf de très-faibles changements, à une délibération portant cession des terrains nécessaires à toute la largeur d'un chemin de grande communication.

Observations sur les mesures à prendre pour que les offres gratuites des Terrains soient régulière- ment constatées.

« Il arrive souvent que des propriétaires ri-
» verains, par des motifs honorables ou intéres-

» sés, consentent quelquefois à des abandons
» gratuits de terrains. L'autorité peut sans doute
» les y engager, mais elle ne peut jamais l'exi-
» ger; elle doit toujours être assez prudente
» pour ne jamais ordonner ni permettre des.
» travaux dont les terrains ainsi concédés se—
» raient l'objet, avant que la concession ait été
» stipulée par écrit, dans un acte qui ait une
» authenticité suffisante. » (*Instruction ministérielle.*)

Messieurs les Maires ne perdront pas de vue
que lorsqu'il s'agira de cessions gratuites ou à
titre onéreux, faites par des tuteurs, maris et
autres personnes qui n'ont pas qualité pour
aliéner, il ne faut pas manquer de remplir les
formalités prescrites par l'article 25 de la loi du
7 juillet 1833, sur l'expropriation pour cause
d'utilité publique.

Allocation de fonds par les Communes,
pour la confection des Chemins vici-
naux de grande communication.

Délibération du Conseil municipal.

Séance du.....

Où ont assisté MM. N....., Maire, et NN.....,
Conseillers municipaux.

M. le Maire a ouvert la séance et a dit :

« Messieurs,

» Un chemin vicinal de grande communica-
» tion, qui part de..... pour arriver à....., en
» passant sur notre Commune, classé par le
» Conseil général, dont la largeur et les li-
» mites ont été fixées par arrêté de Monsieur
» le Préfet, en date du..... 184 , est d'une
» haute importance pour cette Commune, et
» doit exciter toute notre sollicitude ; mais pour
» jouir des avantages qu'elle nous promet, il
» faut aider l'administration des moyens qui
» sont en notre pouvoir. D'après ces motifs,
» nous avons l'honneur de vous proposer, Mes-
» sieurs, de voter les fonds que vous croirez
» pouvoir accorder dans l'objet qui nous oc-
» cupe. »

Le Conseil :

Ouï le rapport de M. le Maire ;

Vu le budget de la Commune ;

Considérant que le chemin de grande communication dont il s'agit présente de si grands
avantages pour la localité, qu'il serait contre
les intérêts bien entendus de la Commune de
ne pas employer les moyens qui sont en son
pouvoir, pour concourir à une si utile entreprise ;

Par ces motifs, est d'avis :

Que la Commune fournisse, sans rembourse-
ment, l'excédant de ses dépenses pour l'année
184 , montant à la somme de....., qui d'hors et
déjà est à sa disposition, soit dans la caisse municipale, soit dans celle de service, et ce, indépendamment des deux journées de prestation
en nature, sur les trois autorisées par l'art. 2
de la loi du 21 mai 1836, et des deux tiers des
centimes facultatifs votés par le Conseil municipal, en vertu du même article.

Sont réservés pour l'entretien des chemins
vicinaux de petite communication, l'autre tiers
de la prestation en nature, et celui des centimes
facultatifs.

La présente délibération sera soumise à l'approbation de M. le Préfet, par l'entremise de
M. le Sous-Préfet.

Délibéré à la mairie, les jour, mois et an ci-
dessus. Les sus-nommés ont signé après lecture.

Déclassement d'un Chemin vicinal.

Délibération du Conseil municipal.

Séance du.....

Où ont assisté MM. N....., Maire, et NN.....,
Conseillers municipaux.

M. le Maire a ouvert la séance et s'est ex-
primé ainsi :

« Messieurs,

» Chargé verbalement par vous de vous faire
» un rapport sur l'utilité ou l'inutilité du che-
» min vicinal n° 5, appelé de.....; après avoir
» parcouru ce chemin dans toutes ses parties,
» l'avoir attentivement examiné, pris les ren-
» seignements nécessaires pour nous assurer
» s'il était habituellement fréquenté, nous avons
» reconnu qu'il n'était pas d'un intérêt géné-
» ral, et qu'il ne servait qu'à l'exploitation de
» quelques propriétés particulières. Par ces mo-
» tifs, nous avons l'honneur de vous proposer,
» Messieurs, le déclassement de ce chemin, en
» le conservant néanmoins comme chemin de
» desserte, à la charge de ceux qui y ont inté-
» rêt (ou s'il n'est d'aucune utilité, en deman=
» der la suppression, pour être vendu au pro-
» fit de la Commune, conformément à la loi). »
Le Conseil :
Ouï le rapport de M. le Maire et l'avis favorable au déclassement de M. l'agent voyer;
Considérant qu'il est dans l'intérêt de la Commune que le chemin vicinal n° 5, appelé de.....
soit déclassé ;

Est d'avis :

Que le chemin vicinal n° 5, appelé de....., partant de....., et finissant à....., soit déclassé, pour n'être plus à la charge de la Commune ; mais qu'il soit conservé comme chemin de desserte, à la charge de ceux qui y ont intérêt.

La présente délibération sera transmise à M. le Préfet, par l'intermédiaire de M. le Sous-Préfet.

Délibéré à la mairie, les jour, mois et an ci-dessus.

Les sus-nommés ont signé après lecture.

Nota. M. le Préfet prononce le déclassement, sur l'avis du Conseil municipal ; mais lorsque le chemin à déclasser en joint un autre dans une Commune voisine, l'instruction ministérielle sur la loi du 21 mai 1836, recommande une formalité de plus dont on comprendra la nécessité. Elle consiste à provoquer une délibération de chacun des Conseils municipaux des Communes qui, une fois mises en jouissance de cette voie de communication, peuvent avoir intérêt à sa conservation, et s'il n'y a pas unanimité pour le déclassement dans ces Communes, il faut une enquête à ouvrir dans ces mêmes Communes, qui permette au Préfet de prononcer en parfaite connaissance de cause, et d'après les véritables intérêts des localités.

13

Vote des cinq centimes additionnels autorisés par la loi du 21 *mai* 1836.

Délibération du Conseil municipal.

Séance du.....

Où ont assisté MM. N....., Maire, et NN.....,
Conseillers municipaux.

Le Conseil :

Vu l'état des dépenses à faire en l'année 184..
aux chemins vicinaux désignés pour être réparés, s'élevant à.....;

Vu le rôle de la prestation en nature réduite
en argent, s'élevant à..... ;

Est d'avis :

Qu'il soit perçu pendant l'année 184.., sur
les quatre contributions directes en principal,
cinq centimes par franc, exclusivement affectés, savoir : les deux tiers aux chemins de
grande communication, et l'autre tiers à ceux
de petite communication.

La présente délibération sera soumise à l'approbation de M. le Préfet, par l'intermédiaire
do M. le Sous-Préfet.

Délibéré à la mairie, les jour, mois et an ci-
dessus.

Les sus-nommés ont signé après lecture.

Construction d'un Aquéduc. — Contri-bution extraordinaire en argent (1).

Délibération du Conseil municipal.

Séance du.....

Où ont assisté MM. N....., Maire, et NN.....,
Conseillers municipaux, MM. NN....., plus im-
posés, en nombre égal à celui des membres du
Conseil municipal présents.

---

(1) Pour qu'on ait recours à la contribution extraordinaire en argent, il faut nécessairement qu'il s'agisse
de travaux dont l'exécution ne pourrait être ajournée
à l'année suivante, époque à laquelle ils seraient confectionnés à l'aide des revenus des prestations, des
centimes additionnels et autres ressources imprévues.

Cette contribution extraordinaire ne peut avoir
lieu que pour des travaux également extraordinaires, et non pour ceux d'entretien.

M. le Maire a ouvert la séance, et a fait au Conseil le rapport suivant :

« Messieurs,

» L'aquéduc qui traverse le chemin vicinal
» n° 1, appelé de....., s'est entièrement écroulé,
» de telle sorte que les charrettes passent dans
» les champs voisins, où elles font beaucoup de
» dégâts, et qu'il est urgent de rétablir cet aqué-
» duc. Dans cet objet, M. l'agent voyer, sur
» mon invitation, a rédigé les plans et devis de
» cette reconstruction, que j'ai l'honneur de
» mettre sous vos yeux.

» En attendant cette reconstruction, j'ai fait
» faire un aquéduc provisoire, pour rétablir la
» circulation interrompue et faire cesser les dé-
» gâts. »

Le Conseil, ainsi composé :

Vu les plans et devis dressés par M. l'agent
voyer, sur la construction d'un aquéduc sur le
chemin vicinal appelé de....., portant la dépense à la somme de..... ;

Vu le rôle de prestation et le budget de la
Commune ;

Considérant que la construction de cet aquéduc est d'une nécessité absolue ;

Considérant que les travaux d'art ne peuvent
s'exécuter par prestation en nature ;

Considérant que des cinq centimes facultatifs, les deux tiers sont affectés aux chemins vicinaux de grande communication, et que le tiers restant est réclamé pour l'entretien des chemins vicinaux de petite communication, qui en ont grand besoin ;

Considérant que le budget de la Commune, après les dépenses ordinaires, ne présente aucune ressource ;

Considérant enfin que le seul moyen à employer pour la construction de cet aquéduc, est un impôt extraordinaire en argent ;

Est d'avis :

Qu'il soit imposé une contribution extraordinaire sur les contribuables de la Commune, d'une somme de....., dont la répartition sera basée sur le principal des quatre contributions directes, pour être exclusivement employée à la construction de l'aquéduc dont il s'agit.

La présente délibération, à laquelle seront joints les plans et devis sus-mentionnés, sera soumise à l'approbation de M. le Préfet, par l'intermédiaire de M. le Sous-Préfet.

Délibéré à la mairie, les jour, mois et an ci-dessus.

Les sus-nommés ont signé après lecture. (Si quelqu'un d'eux ne sait ou ne peut signer, en faire mention.)

Échange.

Délibération du Conseil municipal.

Séance du.....

Où ont assisté MM. N....., Maire, et NN....., Conseillers municipaux.

Le Conseil :

Vu la proposition écrite de MM. les propriétaires riverains du chemin vicinal n° 4, appelé de....., qui proposent d'échanger ce chemin contre les terrains nécessaires pour en construire un nouveau, plus avantageux pour la Commune que l'ancien;

Délibère, qu'avant de faire droit à cette proposition, il est prudent qu'il agisse en connaissance de cause. En conséquence, il nomme, pour lui faire un rapport écrit sur cette affaire, MM. N....., Maire, et NN....., Conseillers municipaux.

M. le Maire est chargé de l'exécution de la présente délibération.

Délibéré à la Mairie, les jour, mois et an ci-dessus.

Les sus-nommés ont signé après lecture.

Séance du.....

Où ont assisté MM. N....., Maire, et NN.....,
Conseillers municipaux.

Rapport des Commissaires.

M. le Maire a ouvert la séance, et s'est ex-
primé en ces termes :

« Messieurs,

» Votre commission, dont j'ai l'honneur d'être
» l'organe, a examiné l'état et les dimensions
» du chemin vicinal n° 4, appelé de.....; elle a
» reconnu que ce chemin, sur un fond argileux,
» est sujet à des réparations presque continuel-
» les ; qu'en outre sa largeur, qui n'est que de
» cinq mètres, fossés compris, est insuffisante
» pour les besoins de la circulation. Par ces
» motifs, il serait avantageux, dans l'intérêt de
» la Commune, de l'échanger contre les terrains
» qui vous sont offerts par MM. NN....., pour
» en construire un nouveau. En conséquence,
» accompagnés de M. l'agent voyer, nous avons
» fait procéder au mesurement du chemin vici-
» nal n° 4, appelé de....., dont la contenance
» est, savoir : largeur, 00 mètres ; longueur, 00
» mètres ; superficie, 00 mètres carrés.

» Les terrains proposés en échange sont en
» terre labourable, fond de gravier solide, qui
» sera peu coûteux en travaux pour établir le
» chemin, dont l'entretien sera d'une dépense
» minime. Ces terrains sont à 00 mètres de dis-
» tance de l'ancien chemin; ils contiennent en-
» semble 00 mètres carrés.

» Ensuite il a été procédé à la division de
» cette contenance entre les propriétaires dont
» il a été parlé.

» 1°. M. N....., largeur, 00 mètres; longueur,
» 00 mètres; superficie, 00 mètres carrés.

» 2°. M. N....., largeur, 00 mètres; longueur,
» 00 mètres; superficie, 00 mètres carrés.

» 3°. M. N....., largeur, 00 mètres; longueur,
» 00 mètres; superficie, 00 mètres carrés.

» Enfin, ce nouveau chemin aura une moin-
» dre longueur que l'ancien, un meilleur sol,
» et une largeur de six mètres, entre fossés d'un
» mètre de largeur.

» Pour accélérer autant que possible la con-
» clusion de cet échange, nous sommes conve-
» nus avec les propriétaires des terrains dont
» il s'agit, présents à notre opération, qu'ils se
» réuniraient au Conseil municipal, à la mairie,
» le....., dix heures du matin, pour y conclure
» l'échange projeté.

» Fait sur les lieux, le.....

» Les comparants ont signé après lecture. »
(Si quelqu'un d'eux ne sait ou ne peut signer,
en faire mention.)

Le Conseil :

Ouï le rapport de sa commission, ses nouvelles observations, et celles de M. l'agent
voyer, toutes favorables à l'échange proposé ;

Vu l'enquête *de commodo et incommodo*, ordonnée par M. le Préfet, qui ne contient aucune
opposition (1) ;

Considérant que tout milite en faveur de cet
échange ;

Est d'avis :

1°. Que M. le Maire soit autorisé à faire, au

---

(1) Le Maire demande au Préfet l'enquête *de commodo et incommodo*, qui nomme la personne qui doit
la recevoir.

Les informations administratives *de commodo et
incommodo*, qui sont toujours nécessaires toutes les
fois qu'il y a lieu de prononcer une addition, retran-
chement ou changement à la voie publique, peuvent
aussi être employées avec utilité lorsque, s'agissant
de mettre des chemins publics à la charge d'une ou
de plusieurs Communes, les Préfets ont lieu de craindre que les Conseils municipaux n'aient cédé à des
vues mal-entendues, ou à des influences particulières.

nom de la Commune, l'échange dont il s'agit, par acte notarié ou administratif, aux frais de..... (ou par moitié entre les parties), en remplissant les formalités prescrites par les lois et règlements, pour éviter des discussions à venir.

2°. Cet échange comprendra, de la part de la Commune, le chemin vicinal, en son entier, n° 4, appelé de....., fossés compris, ayant 00 mètres carrés de superficie;

Et, de celle des propriétaires, leurs terrains se joignant, en nature de terre labourable, faisant partie de plus grandes pièces, appelées de....., confrontant du nord à....., sud à....., est à....., ouest à....., ayant 00 mètres de largeur, 00 mètres de longueur, et 00 mètres carrés de superficie. (Indépendamment de cette contenance en bloc, le parcellaire sera déterminé dans l'acte notarié ou administratif, pour constater la portion de chacun des cédants.)

3°. Cet échange est fait sans retour;

4°. La Commune et MM. NN..... ici présents, se transmettent réciproquement la propriété des immeubles qui leur sont dévolus par la présente délibération, qui sera soumise à l'approbation de M. le Prefet, par l'entremise de M. le Sous-Préfet.

Délibéré à la mairie, les jour, mois et an ci-dessus.

Les sus-nommés ont signé après lecture. (Si quelqu'un d'eux ne sait ou ne peut signer, en faire mention.)

Élargissement d'un Chemin à titre gratuit.

Délibération du Conseil municipal.

Séance du.....

Où ont assisté MM. N....., Maire, et NN....., Conseillers municipaux.

Le Conseil :

Ouï la proposition de plusieurs propriétaires riverains du chemin vicinal n° 5, appelé de ...., de fournir gratuitement les terrains nécessaires pour élargir ce chemin dans toute sa longueur des deux côtés ;

Délibère, qu'avant de faire droit sur ces offres, il nomme, pour lui en faire un rapport écrit, constatant la quantité de terrain qu'il lui convient d'accepter pour l'élargissement du chemin dont il s'agit, MM. N....., Maire, et NN....., Conseillers municipaux.

M. le Maire est chargé de l'exécution de la présente délibération.

Délibéré à la mairie, les jour, mois et an ci-dessus.

Les sus-nommés ont signé après lecture.

Séance du.....

Rapport de la Commission.

M. le Maire a ouvert la séance, à laquelle ont assisté MM. NN....., Conseillers municipaux, M. l'agent voyer et MM. NN....., propriétaires des terrains offerts.

Le Conseil ainsi composé, M. le Maire a pris la parole et a dit :

« Messieurs,

» Votre commission, dont j'ai l'avantage d'ê-
» tre l'organe, chargée par vous d'examiner le
» chemin vicinal n° 5, appelé de....., et de
» vous rendre compte si la largeur de ce che-
» min est suffisante, et, dans le cas contraire, si
» la Commune doit accepter l'offre des terrains
» nécessaires à son élargissement, s'est occupée
» de sa mission, accompagnée de M. l'agent
» voyer, et dont voici le résultat :
» Après avoir parcouru ce chemin, dont la
» direction est de l'est à l'ouest, nous avons fait
» mesurer sa largeur, qui s'est trouvée être de

» quatre mètres cinquante centimètres, fossés
» compris, largeur insuffisante aux besoins de
» la circulation : en conséquence, il faut à ce
» chemin une largeur de huit mètres, fossés
» d'un mètre d'ouverture compris. Cette inves-
» tigation terminée, nous avons fait procéder, en
» présence de MM. les propriétaires sus-nom-
» més, au mesurement des terrains nécessaires à
» l'élargissement du chemin dont il s'agit, dans
» toute sa longueur, ce qui a donné à chacun
» les quantités suivantes :

Côté Nord.

» A M. N....., 00 mètres de largeur, 00 mè-
» tres de longueur; superficie, 00 mètres carrés.
» A M. N....., 00 mètres de largeur, 00 mè-
» tres de longueur; superficie, 00 mètres carrés.
» A M. N....., 00 mètres de largeur, 00 mè-
» tres de longueur; superficie, 00 mètres carrés.

Côté Sud.

» A M. N....., 00 mètres de largeur, 00 mè-
» tres de longueur; superficie, 00 mètres carrés.
» A M. N....., 00 mètres de largeur, 00 mè-
» tres de longueur; superficie, 00 mètres carrés.
» Donnant ensemble, ces parcelles, une con-
» tenance de 00 mètres carrés.
» Nous sommes convenus avec MM. les pro-

» priétaires, qu'ils se trouveraient à la mairie,
» le....., dix heures du matin, pour, avec le
» Conseil, terminer cette affaire.

» Fait sur les lieux, le.....

» Et ont les sus-nommés signé avec nous
» après lecture. » (Si quelqu'un d'eux ne sait
ou ne peut signer, en faire mention.)

Le Conseil :

Vu le rapport de sa commission, transcrit en
entier en tête de la présente délibération ;

Vu l'enquête *de commodo et incommodo* ordonnée par M. le Préfet, ne portant aucune opposition ;

Considérant qu'il y a nécessité absolue d'élargir sur toute sa longueur le chemin vicinal
n° 5, appelé de....., et de lui donner une largeur de vingt-quatre mètres, fossés compris
d'un mètre d'ouverture, dimension nécessaire à
la circulation sur ce chemin très-fréquenté, surtout par les charrettes;

Est d'avis :

1°. Que les offres gratuites faites par MM.
NN....., des terrains nécessaires à l'élargissement, dans toute sa longueur, du chemin vicinal n° 5, appelé de....., soient acceptées, ainsi
que ces terrains sont désignés, confrontés et
contenancés dans le rapport de sa commission.

2°. Que M. le Maire soit autorisé à recevoir,

au nom de la Commune, cette cession gratuite
par acte notarié ou administratif, en remplissant
les formalités nécessaires pour assurer à la Commune la paisible possession des terrains dont il
s'agit.

3º. MM. NN....., propriétaires de ces terrains,
déclarent, chacun pour ce qui le concerne, en
transmettre gratuitement la propriété à la Commune de....., pour être exclusivement employés
à l'élargissement du chemin vicinal nº 5, appelé de....., ainsi qu'ils sont établis dans la présente délibération, laquelle sera soumise à l'approbation de M. le Préfet, par l'intermédiaire
de M. le Sous-Préfet.

Délibéré à la mairie, les jour, mois et an ci-
dessus.

Les sus-nommés ont signé après lecture. (Si
quelqu'un d'eux ne sait ou ne peut signer, en
faire mention.)

*Élargissement d'un chemin vicinal. —
Indemnité à l'amiable.*

Délibération du Conseil municipal.

Séance du.....

Où ont assisté MM. N....., Maire, et NN.....,
Conseillers municipaux.

Le Conseil :

Vu la proposition écrite de plusieurs propriétaires, adressée à M. le Maire, de céder à la Commune, avec indemnité à l'amiable, les terrains nécessaires à l'élargissement du chemin vicinal n° 6, appelé de....., dans toute sa longueur, et des deux côtés;

Délibère, qu'avant d'accepter cette proposition, il nomme, pour lui faire un rapport écrit sur cette affaire, MM. NN....., Maire, et NN....., Conseillers municipaux.

Délibéré à la mairie, les jour, mois et an ci-dessus.

Les sus-nommés ont signé après lecture.

Séance du.....

Où ont assisté MM. N....., Maire, et NN....., Conseillers municipaux, MM. NN....., propriétaires des terrains dont il s'agit.

Rapport de la Commission.

M. le Maire a ouvert la séance, et pris la parole en ces termes :

« Messieurs,

» La commission dont j'ai l'honneur d'être
» l'organe, chargée par vous de faire un rap-

» port sur le projet d'élargissement du chemin
» vicinal n° 6, appelé de....., accompagnée de
» M. l'agent voyer, a rempli sa mission, qui a
» donné les résultats suivants :

» Ce chemin, dont la direction est du nord au
» sud, n'a que quatre mètres soixante-quinze
» centimètres de largeur, fossés compris. Cette
» largeur est insuffisante aux besoins de la cir-
» culation, très-active sur ce chemin; ainsi,
» il est indispensable de lui donner une lar-
» geur de vingt-quatre mètres, fossés compris
» d'un mètre d'ouverture; élargissement qui
» sera pris par égale portion de chaque côté sur
» les propriétés riveraines, dans toute la lon-
» gueur du chemin. En conséquence, il a été
» procédé, en présence de MM. les propriétaires
» riverains, au mesurement de la portion de
» chacun dans l'élargissement du chemin. »

Côté Est.

A M. N....., 00 mètres de largeur sur 00 mètres de longueur; superficie, 00 mètres carrés.
A M. N....., 00 mètres de largeur sur 00 mètres de longueur; superficie, 00 mètres carrés.

Côté Ouest.

A M. N....., 00 mètres de largeur sur 00 mètres de longueur; superficie, 00 mètres carrés.

A M. N....., 00 mètres de largeur sur 00 mètres de longueur; superficie, 00 mètres carrés.

A M. N....., 00 mètres de largeur sur 00 mètres de longueur; superficie, 00 mètres carrés.

Fait sur les lieux, le.....

Les sus-nommés ont signé avec nous, après lecture. (Si quelqu'un d'eux ne sait ou ne peut signer, en faire mention.)

Le Conseil :

Vu le rapport de sa commission, qui sera transcrit en entier en tête des présentes, par lequel il est suffisamment démontré qu'il y a nécessité absolue d'élargir ce chemin;

Vu l'enquête *de commodo et incommodo,* ordonnée par M. le Préfet, qui ne porte aucun obstacle à l'élargissement projeté ;

Vu le budget de la Commune, qui présente des ressources suffisantes pour faire face à cette dépense, sans toucher à celles ordinaires;

Ouï les observations de M. l'agent voyer, favorables à cet élargissement;

Considérant que, pour donner à ce chemin la largeur que la circulation exige, il est indispensable qu'elle soit de vingt-quatre mètres, fossés compris d'un mètre d'ouverture;

Est d'avis :

1°. Que le chemin vicinal n° 6, appelé de...., ait la largeur de 24 mètres, fossés compris;

2ᵃ. Que la valeur des terrains, amiablement
convenue avec les propriétaires, soit fixée d'a-
près le décompte et les contenances qui suivent :

Pour M. N., largeur, oo mètres; longueur, oo mètres;
    superficie, oo mètres carrés; valeur............ oo oo

Pour M. N., largeur, oo mètres; longueur, oo mètres;
    superficie, oo mètres carrés; valeur........... oo oo

Pour M. N., largeur, oo mètres; longueur, oo mètres;
    superficie, oo mètres carrés; valeur............ oo oo

Pour M. N., largeur, oo mètres; longueur, oo mètres;
    superficie, oo mètres carrés; valeur............ oo oo

Pour M. N., largeur, oo mètres; longueur, oo mètres;
    superficie, oo mètres carrés; valeur............ oo oo

            Valeur totale............ oo oo

3°. Que cette somme de..... soit payée aux
vendeurs par le receveur municipal, sur mandats de M. le Maire, aussitôt que toutes les formalités relatives à cette vente seront remplies;

4°. Que M. le Maire soit autorisé à conclure
cette acquisition au nom de la Commune, par
acte notarié ou administratif, moyennant la
somme de....., en y comprenant ce que cède
chacun des vendeurs ;

Lesquels déclarent accepter, purement et
simplement, toutes les conditions exprimées
dans la présente délibération, en vertu de la-

quelle ils transmettent à la Commune de..... la propriété des objets vendus.

La présente délibération sera soumise à la sanction de M. le Préfet, par l'intermédiaire de M. le Sous-Préfet.

Délibéré à la mairie, les jour, mois et an ci-dessus.

Les sus-nommés ont signé après lecture. (Si quelqu'un d'eux ne sait ou ne peut signer, en faire mention.)

Redressement d'un Chemin vicinal.

Délibération du Conseil municipal.

Séance du.....

M. le Maire a ouvert la séance et a dit :

« Messieurs,

» J'ai visité, accompagné de M. l'agent voyer,
» le chemin vicinal n° 7, appelé de.....; nous
» avons reconnu qu'il serait avantageux d'en
» redresser la direction, d'abord parce que ce
» redressement rendrait la circulation plus fa-

» cile et plus courte, et qu'ensuite on éviterait,
» sur la partie du chemin à abandonner, un
» terrain argileux et raviné, difficile et coûteux
» à rendre viable. En conséquence de cette in-
» vestigation, nous avons fait opérer le tracé
» du redressement projeté, qui comprend une
» étendue de vingt-quatre mètres de largeur,
» sur une longueur de 00 mètres en superficie,
» 00 mètres carrés, partant de....., et arrivant
» à.....

» Ce terrain appartient à M. N....., domicilié
» à....., ici présent, qui propose d'échanger
» sans retour le terrain sus-décrit, pour celui
» que comprend la portion de chemin aban-
» donné par la Commune. Cette portion a 00
» mètres de largeur sur 00 mètres de longueur,
» et en superficie, 00 mètres carrés. »

Le Conseil :

Ouï le rapport de M. le Maire, sur la nécessité et l'avantage de redresser le chemin vicinal n° 7, appelé de....., et les observations de
M. l'agent voyer, en faveur de ce redressement ;

Considérant qu'il est avantageux pour la
Commune d'accepter la proposition de M. N.....,
d'échanger une portion du chemin vicinal n° 7,
contre le terrain nécessaire pour opérer son redressement ;

Est d'avis :

1°. Que la Commune soit autorisée, dans la personne de son Maire, à conclure avec M. N..... l'échange proposé. En conséquence, ce dernier cèdera à la Commune partie d'une pièce de terre en pré, appelée de....., ayant, la portion cédée, vingt-quatre mètres de largeur sur 00 mètres de longueur, et en superficie, 00 mètres carrés, pour cette quantité faire partie du chemin redressé n° 7, à prendre..... ;

2°. En contre-échange, la Commune cèdera à M. N..... une portion du chemin vicinal n° 7, appelé de....., à prendre....., ayant 00 mètres de largeur sur 00 mètres de longueur, et en superficie, 00 mètres carrés;

3°. Cet échange sera fait sans retour ;

4°. Après la sanction, par M. le Préfet, de la présente délibération, il sera, par M. le Maire, au nom de la Commune, et M. N....., passé acte notarié ou administratif du présent échange, à frais communs (ou par une seule des parties);

5°. La présente délibération sera soumise à l'approbation de M. le Préfet, par l'intermédiaire de M. le Sous-Préfet.

Délibéré à la mairie, les jour, mois et an ci-dessus.

Les sus-nommés ont signé après lecture.

Nouveau Chemin à établir. — Acquisition. — Vente de l'ancien.

Délibération du Conseil municipal.

Séance du.....

Où ont assisté MM. N....., Maire, et NN....., Conseillers municipaux.

Le Conseil :

Sur les observations de M. le Maire et celles de plusieurs de ses membres, que le chemin vicinal n° 8, appelé de....., est impraticable, d'une coûteuse et difficile réparation, qu'il serait avantageux de l'abandonner et d'en construire un nouveau sur un meilleur terrain et de vendre l'ancien ;

Considérant, qu'avant d'entrer dans cette dépense, il est prudent de s'assurer si une nouvelle voie de communication est indispensable, et si la dépense qu'elle occasionerait serait en harmonie avec les moyens de la Commune ;

Délibère qu'il nomme, pour lui faire un rapport écrit sur cette affaire, MM. N....., Maire, et NN....., Conseillers municipaux.

M. le Maire est chargé de l'exécution de la présente délibération.

Délibéré à la mairie, les jour, mois et an ci-dessus.

Les sus-nommés ont signé après lecture.

Séance du:.....

Où ont assisté MM. N....., Maire, et NN....., Conseillers municipaux.

Rapport de la Commission.

M. le Maire a ouvert la séance, et s'est ex-primé en ces termes :

« Messieurs,

» La commission que vous avez chargée de
» vous faire un rapport sur l'établissement d'un
» nouveau chemin vicinal, en remplacement de
» celui n° 8, appelé de....., s'est occupée de sa
» mission, dont je vais avoir l'honneur de vous
» présenter les résultats.

» D'après l'examen auquel nous nous som-
» mes livrés, accompagnés de M. l'agent voyer,
» votre commission a reconnu que le chemin
» dont il s'agit doit être abandonné. En effet, il
» est impraticable presque en toutes saisons,
» extraordinairement creux, et le point de réu-
» nion des eaux pluviales des terrains environ-

» nants d'une réparation d'entretien difficile et
» coûteuse. D'après cet état de choses, votre
» commission et M. l'agent voyer sont d'un avis
» unanime d'abandonner ce chemin et d'en éta-
» blir un nouveau sur un terrain plus propre à
» une bonne voie de communication. Ce terrain
» se trouve dans le voisinage de celui à aban-
» donner; il est solide et graveleux, à l'abri de
» l'influence des eaux, et fournira un chemin
» peu coûteux, facile à construire et à entrete-
» nir.

 » Pour arriver à l'exécution de ce projet, vo-
» tre commission a réuni MM. NN....., demeu-
» rant à....., propriétaires du terrain dont il
» s'agit, auxquels nous avons proposé en échange
» le chemin à abandonner, avec soulte suffi-
» sante, proposition qui n'a pas été accep-
» tée; mais ces propriétaires ont consenti à
» vendre leur terrain à la Commune, à dire
» d'experts respectivement choisis. En consé-
» quence, il a été convenu que ces Messieurs se
» réuniraient au Conseil municipal, le....., dix
» heures du matin, pour procéder à la nomina-
» tion de trois experts, qui feront l'évaluation
» des terrains à céder à la Commune.

 » Fait sur les lieux, le..... »

 Le Conseil, après avoir entendu la lecture
du rapport de sa commission, s'ajourne au.....,

dix heures du matin, pour procéder à la nomination des trois experts dont il a été parlé.

Fait à la mairie, le.....

Les sus-nommés ont signé après lecture.

Séance du.....

Où ont assisté MM. N....., Maire, et NN...., Conseillers municipaux.

M. le Maire a ouvert la séance et présenté au Conseil MM. NN....., propriétaires des terrains qui doivent être expertisés.

Le Conseil :

Vu sa délibération en date du....., par laquelle il s'est ajourné à aujourd'hui, s'est réuni, pour, de concert avec MM. NN....., procéder à la nomination des trois experts qui doivent évaluer le terrain dont il s'agit.

Ont été choisis d'un commun accord, MM. NN.....

M. le Maire est chargé de l'exécution des présentes.

Fait à la mairie, les jour, mois et an ci-dessus.

Et ont les susnommés signé après lecture.

Séance du.....

Où ont assisté MM. N...., Maire, et NN....., Conseillers municipaux.

M. le Maire a ouvert la séance en présence de MM. NN....., propriétaires des terrains dont ils offrent la vente pour l'établissement d'un chemin vicinal, en remplacement de celui n° 8, dont la suppression est proposée.

M. le Maire a fait la lecture du procès-verbal des experts nommés dans la séance du.....

De ce procès-verbal il résulte que le terrain dont la vente est proposée est en terre à grain, faisant partie d'une plus grande pièce appelée de....., confrontant la portion à vendre, du nord à.....; sud à.....; est à.....; ouest à.....; ayant vingt-quatre mètres de largeur sur 00 mètres de longueur, et en superficie, 00 mètres carrés, partant de....., et arrivant à....., évalué à.....

Cette contenance et son évaluation, divisées entre les vendeurs, ont donné :

A M. N..., o mètres carrés, évalués oo oo
A M. N..., o   —   —   oo oo
A M. N..., o   —   —   oo oo
                ─────   ─────
   Totaux   o   —   —   oo oo

Le Conseil :

Vu l'enquête *de commodo et incommodo*, ordonnée par M. le Préfet, favorable au projet;

Ouï les observations concluantes de M. l'agent
voyer, en faveur de l'établissement du nouveau
chemin ;

Vu le budget de la Commune, qui offre les
ressources suffisantes à cette dépense ;

Est d'avis :

1°. Que l'acquisition des terrains nécessaires
pour l'établissement du nouveau chemin soit
autorisée ;

2°. Que M. le Maire, au nom de la Commune, fasse cette acquisition par acte notarié
ou administratif, moyennant la somme de.....,
qui sera payée par le receveur municipal, sur
mandat du Maire, après toutes formalités remplies ;

3°. Que le nouveau chemin prenne sur l'état
de classement le n° 8, et que l'ancien soit déclassé et vendu au profit de la Commune.

Messieurs les vendeurs déclarent accepter
tout ce qui les concerne dans la présente délibération, qui sera transmise à M. le Préfet, par
l'intermédiaire de M. le Sous-Préfet.

Délibéré à la mairie, les jour, mois et an ci-
dessus.

Les sus-nommés ont signé après lecture. (Si
quelqu'un d'eux ne sait ou ne peut signer, en
faire mention.)

Nota. Si les ressources ordinaires sont insuffisantes pour libérer la Commune, et si elle a recours à une contribution extraordinaire, il faut adjoindre aux membres du Conseil municipal présents à la délibération, un nombre égal des plus imposés.

Acquisition, Vente d'un Chemin déclassé. — Formalités.

(Circul. du Ministre de l'Intérieur, du 26 mars 1838.)

« MONSIEUR LE PRÉFET,

» J'ai été consulté sur la question si, dans le cas de l'application de l'art. 19 de la loi du 21 mai 1836, la vente des portions de terrains retranchés de la vicinalité comme inutiles, doit, quand la valeur de ces terrains excède 3,000 fr., être autorisée par ordonnance royale. Le doute à cet égard paraissait motivé principalement sur ce que, pour les acquisitions de terrains nécessaires à l'élargissement ou à l'ouverture des chemins vicinaux, l'instruction du 24 juin 1836 admet qu'un arrêté du Préfet, en Conseil de Préfecture, suffit, quelle que soit la valeur des terrains à acquérir.

» L'analogie entre ces deux cas, monsieur le Préfet, n'est pas telle qu'on puisse conclure absolument de l'un à l'autre. C'est ce que quelques explications vont vous faire reconnaître.

» Les acquisitions de terrains nécessaires aux chemins vicinaux sont régies par les articles 15 et 16 de la loi du 21 mai 1836.

» L'article 15 est relatif à l'élargissement des chemins vicinaux déjà existants, et ici l'arrêté du Préfet suffit pour attribuer définitivement au chemin le sol compris dans les limites qu'il détermine. La Commune est saisie par le seul fait de cet arrêté, et il n'est pas évidemment nécessaire qu'il intervienne une ordonnance royale pour sanctionner ce que la loi donne au Préfet le droit de faire d'une manière définitive. Le pouvoir royal, en matière d'acquisitions, a été, pour l'espèce, délégué pleinement aux Préfets. Il ne reste plus à remplir, vis-à-vis du propriétaire du sol, qu'une simple formalité, le règlement de l'indemnité qui lui est due.

» L'article 16 a pour objet des opérations qui ont généralement une plus grande importance : ce sont : l'ouverture d'un nouveau chemin, ou le redressement d'un chemin, ce qui n'est que l'ouverture sur une moindre échelle. Ici encore un arrêté du Préfet remplace la loi ou l'ordonnance qui, d'après le n° 1 de l'article 2 de la loi du 7 juillet 1833, devait autoriser les travaux. L'arrêté du Préfet désigne également et d'une manière définitive les terrains à occuper ; il en résulte donc évidemment qu'il n'est pas nécessaire qu'il intervienne une ordonnance royale pour autoriser la Commune à acquérir des terrains que le Préfet a souverainement déclaré devoir servir à l'ouverture et au redressement. Il ne reste plus à remplir que les formalités d'expropriation réglées par les lois de 1833 et 1836.

» Ainsi donc, je le répète, monsieur le Préfet, en matière d'acquisition de terrains pour le service vicinal, l'ordonnance royale est inutile, quelle que soit la valeur de ces terrains, parce que l'arrêté du Préfet a statué définitivement ; et si le législateur s'est déterminé à donner ainsi à un arrêté préfectoral là valeur qu'avait seulement une ordonnance royale, c'est afin d'éviter des lenteurs dans des affaires qui présentent toujours un certain caractère d'urgence.

» Cette considération ne se présente pas, au contraire, lorsqu'il s'agit d'aliénation de terrains inutiles au service vicinal ; aussi l'art. 19 de la loi du 21 mai 1836 est-il loin d'être rédigé dans des termes assez explicites pour autoriser à conclure qu'ils ont modifié la législation générale sur la matière.

Pour que le sol d'un chemin vicinal ou d'une

portion de ce chemin puisse être vendu, il faut
d'abord qu'un arrêté du Préfet l'ait déclassé,
c'est-à-dire lui ait ôté le caractère de vicinalité
qui en rendait l'usage public ; mais de ce que
ce sol a été dépouillé du caractère de chemin
vicinal, il ne s'ensuit pas nécessairement qu'il
doive être vendu, et ce serait donner à l'article 19 de la loi une signification trop étendue,
que de l'entendre ainsi. Sans doute, si la Commune vend ce sol, les propriétaires riverains
tiennent de la loi un droit de préférence, mais
c'est un droit de préférence seulement ; ils ne
pourraient contraindre la Commune à vendre ;
celle-ci peut garder les terrains, si elle croit
pouvoir en faire usage plus avantageusement.
Tout ce qui lui est prescrit, c'est de donner la
préférence aux propriétaires riverains, si elle
vend.

» Lorsqu'un chemin a été déclassé, c'est-à-dire
a perdu son caractère de vicinalité, il reste à
examiner s'il est plus avantageux à la Commune de vendre le sol de cet ancien chemin,
que de le conserver, et il ne faut pas perdre de
vue que ce sol n'est plus un chemin ; par l'effet
du déclassement, il est devenu un terrain va-
gue, une propriété communale de même nature que les autres. Dès lors, on ne peut se dispenser d'appliquer à l'aliénation de ces terrains

les mêmes règles qui régissent l'aliénation des propriétés communales. Leur valeur est-elle de 3,000 francs et au-dessous, un arrêté du Préfet suffit; leur valeur excède-t-elle 3,000 francs, une ordonnance royale est nécessaire; mais ici l'arrêté du Préfet ou une ordonnance royale autorisent seulement la vente, en principe; et alors s'ouvrira, pour les propriétaires riverains, le droit de faire la soumission d'acquérir sur une estimation d'experts, comme le porte l'art. 19 de la loi. Il sera donc nécessaire que les propriétaires soient mis en demeure d'exercer leurs droits, dans un délai déterminé, passé lequel la Commune rentrerait dans la faculté de vendre les terrains aux enchères.

» Il est bien vrai, monsieur le Préfet, que la nécessité d'obtenir une ordonnance royale pourra, dans certains cas, entraîner quelques délais; mais, d'une part, il arrivera rarement que les terrains à vendre aient une valeur de plus de trois mille francs; car ce n'est pas la valeur totale du chemin supprimé, mais celle de chaque parcelle à vendre à chaque riverain, qui doit servir de base à la limite des compétences; d'autre part, il ne peut jamais y avoir, pour ces aliénations, l'urgence que peuvent présenter les acquisitions pour élargissement ou pour ouverture de chemins. C'est sans doute cette con-

14.

sidération qui a déterminé le législateur à laisser les aliénations de terrains provenant de chemins déclassés, sous le régime des autres aliénations des terrains communaux, sauf l'exception créée par l'art. 19 de la loi du 21 mai 1836.

Vente d'un Chemin vicinal déclassé.

Délibération du Conseil municipal.

Séance du.....

Où ont assisté MM. N....., Maire, et NN....., Conseillers municipaux.

M. le Maire a ouvert la séance, et a dit :

« M. le Préfet, par arrêté du....., a déclassé
» le chemin vicinal n° 9, appelé de.....

» L'intérêt de la Commune lui commande de
» vendre le terrain qu'il comprend, pour, le
» prix en provenant, être employé à la répara-
» tion des chemins vicinaux conservés. Par ces
» motifs, j'invite le Conseil à délibérer sur cette
» proposition.»

Le Conseil :

Ouï les observations de M. le Maire ;

Considérant que la mesure proposée est en harmonie avec l'intérêt bien entendu de la Commune ;

Délibère, qu'avant d'entrer plus avant dans la

question, il est nécessaire que les propriétaires riverains de ce chemin soient mis en demeure de profiter du bénéfice de l'art. 19 de la loi du 21 mai 1836. M. le Maire demeure chargé de faire le nécessaire pour que cette formalité essentielle soit remplie.

Délibéré à la mairie, les jour, mois et an ci-dessus.

Les sus-nommés ont signé après lecture.

Avertissement du Maire.

Le Maire de la Commune de....., prévient MM. les propriétaires riverains du chemin vicinal n° 9, appelé de....., déclassé par arrêté de M. le Préfet, en date du....., qu'il va être vendu au profit de la Commune. En conséquence, ils sont avertis que, s'ils veulent user du privilége d'en devenir acquéreurs, en vertu de l'art. 19 de la loi du 21 mai 1836, ils sont tenus d'en faire la soumission à la mairie, dans le délai de....., sous peine de déchéance dudit privilége (1).

Donné à la mairie, le.....

Le Maire.

---

(1) Cet avertissement sera notifié, par copie séparée, à chaque intéressé; mais il n'y aura qu'un rapport.

Soumission.

Nous, NN....., propriétaires riverains du chemin vicinal n° 9, appelé de....., déclassé, dé-
clarons vouloir devenir acquéreurs du sol de ce
chemin, chacun pour la portion contiguë à notre propriété, en usant de la priorité qui nous
est accordée par l'art. 19 de la loi du 21 mai
1836, et à en payer le prix, en cas de non-arran-
gement à l'amiable, à dire d'experts nommés
conformément à l'art. 17 de la même loi.

Fait à la mairie, le.....

(Le Maire signera avec les soumissionnaires,
et si quelqu'un d'eux ne sait ou ne peut signer,
il en fera mention.)

Délibération du Conseil municipal.

Séance du.....

Où ont assisté MM. N....., Maire, et NN.....,
Conseillers municipaux.

M. le Maire a ouvert la séance, et s'est exprimé ainsi :

« Messieurs,

» Conformément à votre délibération en date
» du....., j'ai fait avertir (comme il appert par

» l'avertissement dont je vais avoir l'honneur
» de vous faire lecture) les propriétaires rive-
» rains du chemin vicinal n° 9, appelé de.....,
» supprimé, que s'ils voulaient jouir du béné-
» fice de la loi, qui leur accorde la préférence
» de devenir acquéreurs du sol de ce chemin, ils
» eussent à en faire soumission. Cette formalité
» ayant été remplie, ces propriétaires ici pré-
» sents sont dans l'intention d'acquérir le sol
» du chemin dont il s'agit, à l'amiable ou à dire
» d'experts nommés conformément à l'art. 17
» de la loi du 21 mai 1836. »

Le Conseil :

Après avoir inutilement tenté de convenir à
l'amiable, entre lui et MM. NN....., propriétaires, du prix desdits terrains, a passé à la désignation, conformément à la loi, des experts qui
doivent les estimer, ainsi qu'il suit :

De la part du Conseil municipal, au nom de
la Commune, trois candidats à présenter au
choix de M. le Sous-Préfet, pour la nomination
d'un expert, savoir : MM. NN....., et de la part
des propriétaires sus-nommés, M. N.....

La présente délibération sera transmise à
M. le Sous-Préfet, pour qu'il ait à choisir
l'expert de la Commune.

Fait à la mairie, les jour, mois et an ci-dessus.

Les sus-nommés ont signé après lecture. (Si quelqu'un d'eux ne sait ou ne peut signer, en faire mention.)

Délibération du Conseil municipal.

Séance du.....

Où ont assisté MM. N....., Maire, et NN....., Conseillers municipaux, et MM. NN....., propriétaires riverains du chemin vicinal nº 9, déclassé.

Le Conseil :

Vu l'arrêté de M. le Sous-Préfet, en date du....., qui nomme M. N...... pour expert de la Commune, aux fins de procéder, avec celui de MM. les propriétaires sus-nommés, à l'évaluation des terrains composant le chemin supprimé, invite les experts à remplir leur mission le plus tôt possible.

M. le Maire est chargé de l'exécution des présentes, et d'assister à l'expertise.

Fait à la mairie, les jour, mois et an ci-dessus.

Les comparants ont signé après lecture. (Si quelqu'un d'eux ne sait ou ne peut signer, en faire mention.)

Délibération du Conseil municipal.

Séance du.....

Où ont assisté MM. N....., Maire, et NN....;, Conseillers municipaux, et MM. NN....., propriétaires riverains du chemin vicinal n° 9, appelé de....., supprimé.

M. le Maire a ouvert la séance, et a fait lecture du procès-verbal d'expertise des terrains qui composent le chemin dont il s'agit, ainsi qu'il suit :

» Nous, soussignés, experts nommés par
» M. le Sous-Préfet de....., et par MM. NN.....,
» pour procéder à l'estimation du sol qui com-
» pose le chemin vicinal n° 9, appelé de.....,
» supprimé, et à sa division entre les propriétai-
» res riverains, avons procédé à ces opérations
» ainsi qu'il suit :

» Ce chemin a sa direction du nord au sud.
» La répartition entre les propriétaires riverains
» a donné les résultats suivants :

Côté Est.

A M. N., en largeur, o m.; en longueur, o m.; en superficie, o m. c. évalués 00 00

A M. N., | o | | | | o | 00 00

Côté Ouest.

A M. N., en largeur, o m.; en longueur, o m.; en superficie, o m. c. évalués 00 00

A M. N., | o | | | | o | 00 00

Totaux . . . 00 mètres.   00 mètres.   00 m. carrés.   000 00

» Fait sur les lieux, le..... »

Le Conseil :

Vu le rapport ci-dessus, en approuve les résultats, d'un commun accord avec MM. NN....., qui s'engagent, chacun pour ce qui le concerne (ou solidairement), à verser dans la caisse municipale la somme de....., aussitôt l'homologation des présentes par M. le Préfet, qui lui seront transmises avec le procès-verbal d'expertise, par l'intermédiaire de M. le Sous-Préfet;

Et délibère, qu'après toutes formalités remplies, M. le Maire soit autorisé à transmettre aux susdits acquéreurs, au nom de la Commune, la propriété des terrains compris au procès-verbal des experts, par acte public à leurs frais. Lesquels ont déclaré accepter, sans aucune réserve, les conventions qui précèdent.

Délibéré à la mairie, les jour, mois et an ci-dessus.

Les comparants ont signé après lecture. (Si quelqu'un d'eux ne sait ou ne peut signer, en faire mention.)

Plantations de Bornes sur les Chemins vicinaux.

Dans une foule de circonstances, la prescription sera le seul moyen de décider les contestations qui s'élèveront à l'occasion des chemins vicinaux, même classés.

Il arrivera rarement que les limites du chemin soient établies par les actes administratifs avec assez de précision pour que l'on puisse prouver, contre un riverain, une anticipation sur la largeur même fixée par l'arrêté, à moins que des bornes n'aient été plantées ; le riverain que l'on accusera d'anticipation, la rejettera sur le voisin qui ne possèdera pas depuis trente ans.

Enfin, ne peut-il pas survenir une foule de cas, d'évènements, qui dénaturent le chemin, en empêchent l'usage, et le rendent (malgré la loi qui consacre son imprescribilité) prescriptible, par la force même des choses ?

Il est donc d'une nécessité absolue et d'un avantage évident de procéder à un bornage des chemins vicinaux. C'est dans cet objet que j'ai rédigé le modèle du procès-verbal qui va suivre. Par cette plantation de bornes, fussent-elles arrachées, on retrouverait toujours la largeur du chemin, et conséquemment les usurpations qui pourraient y avoir été commises. Cette opération serait de la plus grande facilité : il s'agirait seulement, pour plus de célérité, d'employer, au lieu de la chaîne, un compas d'arpenteur de deux mètres d'ouverture, qui n'emploie qu'une personne. En mesurant la longueur, on aurait le soin de prendre note de la distance qui se trouverait d'une borne à l'autre.

En multipliant la longueur entière du chemin par sa largeur, fossés compris, on aurait sa superficie en mètres carrés; ainsi, par une récapitulation, on aurait celle qu'occuperaient, par département, les chemins vicinaux sur le sol de la France.

Délibération du Conseil municipal.

Séance du.....

Où ont assisté MM. N....., Maire, et NN....., Conseillers municipaux.

Le Conseil :

Considérant que le bornage des chemins vicinaux est une mesure conservatrice de leurs dimensions, et préservatrice de discussions entre la Commune et les riverains ;

Délibère qu'il sera planté des bornes sur les chemins vicinaux reconnus et classés. A cet effet, MM. N....., Maire, et N....., Conseiller municipal, sont nommés pour faire procéder à cette opération, à laquelle assistera le garde-champêtre.

Il sera dressé procès-verbal de ce bornage, lequel sera transcrit en entier sur le registre des délibérations du Conseil municipal, et signé des commissaires, du garde-champêtre et des propriétaires riverains.

M. le Maire est chargé de l'exécution de la présente délibération.

Délibéré à la mairie, les jour, mois et an ci-dessus.

Procès-verbal de Plantation de Bornes sur les Chemins vicinaux.

Nous, Maire et Conseiller municipal, commissaires nommés pour faire procéder au bornage des chemins vicinaux, en vertu de la délibération du Conseil municipal, en date du....., accompagnés du garde-champêtre, nous sommes transportés sur les chemins, dont le bornage a été fait ainsi qu'il suit, en présence des propriétaires riverains dont les noms suivent :

Chemin vicinal n° 1, appelé de.....

En conséquence de ce qui précède, nous avons, à l'entrée de ce chemin, partant de....., lequel chemin a 00 mètres de largeur, fossés compris, planté une première borne à droite sur le bord du fossé. Il en a été planté une seconde à 00 mètres de distance de la première, et ainsi de suite jusqu'à la fin (où il sera aussi planté une borne pour fixer la longueur et la limite du chemin, en désignant où il se dirige. Même opération à gauche du chemin. Continuer ainsi le procès-verbal jusqu'à l'épuisement des chemins, en leur donnant leur numéro d'ordre) (1).

Clôture du procès-verbal.

Notre opération étant terminée, nous avons clos le présent procès-verbal, qui a été signé par nous, commissaires, garde-champêtre et propriétaires riverains, après lecture. (Faire mention de ceux qui ne savent ou ne peuvent signer.)

Abatage et Élagage des arbres et haies. — Arrêté du Maire.

Le Maire de la Commune de.....
Considérant la nécessité d'abattre les arbres

---

(1) Il serait bien de faire planter des poteaux sur les bords des chemins vicinaux qui bordent les grandes routes, avec un écriteau indicatif de leur direction. Cette mesure a été prise dans le département de la Gironde, sous l'administration de M. d'Haussez.

qui se trouvent sur les limites des chemins vicinaux ou qui s'en trouvent trop près, voisinage
qui nuit à la viabilité des chemins.

Considérant que ceux qui sont à la distance
voulue de ces limites, dont les branches donnent sur le chemin, ainsi que les haies, doivent
être élagués;

Arrête :

Art. 1er. Le..... et jours suivants, sans interruption, il sera procédé à l'abattage des arbres
qui nuisent à la viabilité des chemins vicinaux.

Les propriétaires de ces arbres sont tenus de
les faire enlever le jour même de l'abattage ;
faute de ce, ils seront jetés le lendemain, à
leurs frais, sur leur terrain.

Art. 2. Les propriétaires des arbres et haies
qui doivent être élagués de manière à ce que
leurs branches ne dépassent pas les limites du
chemin, sont prévenus de faire opérer cet élagage dans le délai de....., à compter de la publication du présent arrêté; faute de quoi, il y
sera pourvu à leurs frais. Pour éviter toute mé-
prise, les arbres et haies seront marqués (1).

Art. 3. Le présent arrêté sera publié et affi-

---

(1) Le mois le plus propice pour cette opération
est celui de février.

ché aux lieux accoutumés, pendant deux dimanches consécutifs, et déposé à la mairie, où
on pourra en prendre connaissance sans dé-
placer.

Donné à la mairie, le.....

Le Maire,

CONTENTIEUX.

Tous les délits de dégradation commis sur les
chemins de grande et petite vicinalité, sont de
la compétence du tribunal de police, d'après
l'instruction ministérielle du 24 juin 1836, sur
la loi du 21 mai de la même année, et un arrêt
de la cour de cassation, du 3 mars 1837, qui
a modifié sa jurisprudence sur ce point, puisqu'elle avait jugé que cette contravention était
du ressort des tribunaux correctionnels.

Les chemins de desserte ou de propriété particulière, quoiqu'ils ne sont pas à la charge de
la Commune, ne sont pas moins soumis à la
surveillance de l'autorité, qui doit veiller à leur
conservation. Voici à cet égard comment s'exprime l'instruction ministérielle du 24 juin précitée : « La Commune a un intérêt à conserver
» intact le sol de ces chemins, et à les défendre
» contre toute anticipation de la part des rive-

» rains. Les Maires devront donc constater ou
» faire constater ces usurpations, et les pour-
» suivre devant le tribunal de police. »

Chemin de desserte. — Contravention. —
Procès-Verbal du Maire.

Nous, Maire de la Commune de
sur la plainte verbale (ou par écrit) du sieur
cultivateur, domicilié à
que le sieur   charron, demeurant à
s'est permis sans aucun droit d'in-
tercepter par un fossé la circulation sur le chemin de desserte appelé de   partant
de   et arrivant à   che-
min d'une nécessité indispensable à la culture
des terres où il aboutit, appartenant à plusieurs
particuliers, au nombre desquels est le plai-
gnant; nous étant transporté sur ce chemin,
nous y avons en effet reconnu que ledit
l'avait barré en y creusant un fossé sur le bout,
au nord, de la largeur de   sur une
longueur de   entreprise qui rend
impossible l'accès de ce chemin, d'une nécessité
absolue à la culture des terres où il conduit,
ainsi qu'au transport des engrais et des récoltes.
Duquel délit nous avons dressé le présent procès-verbal, qui sera transmis à M. le Maire de

la Commune de   chef-lieu du canton de   chargé d'en poursuivre la
répression devant le tribunal de police.

Fait sur les lieux, le

Le Maire,

Citation pour l'exécution du Procès-Verbal
qui précède.

L'an   et le   du mois de
à la requête de M. le Maire de la Commune de
chef-lieu de canton de
en vertu d'un procès-verbal de M. le Maire de
la Commune de   en date du
visé pour timbre et enregistré en débet le
constatant le délit d'interruption de la circulation sur le chemin de desserte appelé de
délit dont est prévenu le sieur
charron, domicilié à

Je   ai donné citation audit
à comparaître le   dix heures du
matin, devant M. le Juge-de-Paix du canton
de   au lieu ordinaire de ses audiences,
sises à   pour s'entendre condamner, en réparation du délit dont il s'agit, à combler le
fossé qu'il a ouvert sur le chemin de desserte
appelé de   qui en intercepte l'usage,
et de remettre les choses dans leur état primi-

15

tif, dans le délai de trois jours de la signification du jugement à intervenir ; faute de quoi il y sera procédé à ses frais par qui de droit ; et en outre s'entendre condamner à une amende de   et aux dépens. Dont acte.

Copie entière du présent exploit, en tête duquel est celle du procès-verbal susdit, a été laissée au domicile dudit sieur   par l'huissier susdit et soussigné, parlant à

Le coût est de

Relation sur l'original.

Copie entière du présent exploit, en tête duquel est celle du procès-verbal sus-mentionné, a été laissée au domicile dudit sieur parlant à   par l'huissier soussigné.

Le coût est de

Nota. La rédaction de ce modèle est suffisante pour se fixer sur les autres cas de contravention.

Dégradation. — Procès-Verbal du Maire.

Nous, Maire de la Commune de nous étant transporté sur le chemin vicinal n° 1, appelé de   nous y avons vu une dégradation commise il y a environ huit jours, par le sieur   forgeron, domicilié à   (mettre ici le nom et le domicile des témoins s'il y en a), laquelle dégradation consiste en un enlèvement de terre d'une superficie de   sur une profondeur de   ce qui altère considérablement la viabilité de ce chemin. Pourquoi nous avons dressé le présent procès-verbal, qui sera transmis à M. le Maire de la Commune de   chef-lieu du canton de   chargé de poursuivre la répression de ce délit devant le tribunal de police.

Autre genre de dégradation très-commun. —
Procès-Verbal du Maire.

Nous, Maire de la Commune de   sur l'indication qui nous a été donnée que le sieur   forgeron, domicilié à   a pratiqué une rigole traversant le chemin vicinal appelé de   n° 2, pour l'irrigation de son pré, nous étant transporté sur ce chemin, nous avons en effet trouvé la rigole indiquée, ayant   de largeur, qui le traverse en entier, et qui sert à l'irrigation d'un pré appartenant audit sieur   contravention qui tend à ruiner cette partie de la voie publique. En conséquence, nous avons dressé le présent procès-verbal, qui sera transmis à M. le Maire de la Commune de

chef-lieu du canton de   chargé de poursuivre devant le tribunal de police la répression de ce délit.

Fait sur les lieux, le

Le Maire,

Litière étendue sur un chemin vicinal pour faire des engrais. — Procès-Verbal du Maire.

Nous, Maire de la Commune de
nous sommes transporté sur le chemin vicinal appelé de   n° 3, lequel, dans toute sa largeur, sur une longueur de   a été embourré de litière par le sieur
tisserand, demeurant à   Cette contravention est une des plus nuisibles qu'on puisse commettre contre la viabilité de toute espèce de chemin, en y conservant l'eau qui s'infiltre de tous côtés dans la chaussée et qui l'a bientôt ruinée; en outre, lorsqu'on enlève cette litière, quand elle est consommée, on ne manque jamais d'y comprendre une partie de la terre du chemin, qui, par ce moyen, se trouve creusé. Pourquoi nous avons dressé le présent procès-verbal, qui sera transmis à M. le

Maire de la Commune de   chef-lieu
du canton de   chargé de poursuivre
la répression de ce délit devant le tribunal de
police.

Fait sur les lieux, le

Le Maire,

Dépôt de fumier sur un chemin vicinal. —
Procès-Verbal du Maire.

Nous, Maire de la Commune de
sur l'indication qui nous a été donnée que le
sieur   cultivateur, domicilié à
avait, le   déposé sur le chemin vicinal appelé de   n° 4, une pile de
fumier, nous étant transporté sur ledit chemin, nous avons en effet trouvé cette pile de
fumier, d'une dimension de   appartenant audit   et comme cette contravention n'est pas compatible avec une bonne
viabilité, nous en avons dressé le présent procès-verbal, qui sera transmis à M. le Maire de
la Commune du chef-lieu du canton de
chargé d'en poursuivre la répression.

Fait sur les lieux, le

Le Maire,

Dépôt de bois sur un chemin vicinal. —
Procès–Verbal du Garde-Champêtre.

Je, soussigné, Garde-Champêtre de la Commune de   faisant ma tournée, ai
remarqué sur le chemin vicinal appelé de
n⁰ 5, un dépôt de bois de feu, essence de chêne,
comprenant environ deux cents bûches, appartenant au sieur   marchand de
bois, domicilié à   lequel dépôt,
d'après les renseignements que je me suis pro-
curés, a eu lieu hier à six heures du soir.

De tout ce que dessus j'ai dressé le présent
procès-verbal.

Fait sur les lieux, le

                              Le Garde-Champêtre,

Affirmation de ce Procès-Verbal devant le Maire.

L'an   et le   du mois de
                   je, Garde-Champêtre de la Com-
mune de   me suis transporté au
domicile de M. le Maire de la présente Commune, devant lequel j'ai affirmé sincère et véritable le procès - verbal de contravention qui
précède.

                              Le Garde-Champêtre,

Vu la présente affirmation et le procès-verbal qui la précède, lesquels seront transmis à
M. le Maire de la Commune de   chef-
lieu du canton de   chargé de
poursuivre la répression de pareils délits devant
le tribunal de police.

Fait le

Le Maire,

Nota. Le Garde-Champêtre est compétent
pour verbaliser sur tous les délits de petite voirie.

Construction sur la voie publique sans autorisation.
— Procès-Verbal du Maire.

Nous, Maire de la Commune de
nous étant transporté d'office sur la rue appelée de   faisant partie du chef-
lieu de cette Commune (ou de la ville de   )
au-devant de la maison du sieur
sans profession, dans laquelle il fait son domicile habituel, nous y avons remarqué que le
prolongement de sa maison, qu'il fait construire
au sud de ladite rue, usurpe sur elle de
en largeur, sur   de longueur, et que
dans la même construction, à l'ouest d'une
ruelle qui fait la séparation de la propriété dudit sieur   d'avec un édifice public,

il a pratiqué l'ouverture d'une porte de grange qui a   de largeur, sur   de hauteur, le tout sans autorisation ; considérant d'ailleurs qu'il n'a aucun droit de vue sur cette ruelle, qui est une propriété communale, nous avons dressé le présent procès-verbal, qui sera transmis à M. le Maire de la Commune de   chef-lieu du canton de chargé d'en poursuivre l'exécution devant le tribunal de police.

Fait sur les lieux, le

Le Maire,

Arrêts de la Cour de Cassation sur les contraventions qui précèdent.

1. En matière de petite voirie, la restitution et les dommages-intérêts ne sont que la destruction des ouvrages qui ont été construits au mépris des règlements. Les tribunaux ne peuvent donc se dispenser d'ordonner la démolition des ouvrages. (Arrêt du 16 mars 1830.)

2. Le tribunal de police, en condamnant un prévenu à l'amende pour avoir construit sur la voie publique sans autorisation, doit en même temps ordonner la démolition des ouvrages. (24 janvier 1834.)

3. Le seul fait de construction sur la voie

publique sans avoir préalablement demandé l'autorisation, est une contravention que le tribunal de police doit réprimer, et sur laquelle il ne peut surseoir à statuer jusqu'à ce qu'il ait été décidé si le contrevenant avait ou non le droit de bâtir sur le lieu où il a élevé sa construction. Cette question ne peut servir de fondement à une exception préjudicielle. (28 février 1834.)

Usurpation. — Procès-verbal du Maire.

Nous, Maire de la Commune de
nous étant transporté sur le chemin vicinal appelé de   n° 5, nous y avons remarqué une usurpation commise il y a environ quinze jours, par le sieur   charpentier, domicilié à   de
en largeur, sur   de longueur, joignant au levant la propriété de ce dernier. De laquelle contravention nous avons dressé le présent procès-verbal.

Fait sur les lieux, le

Le Maire,

Mais à quelle juridiction sera transmis ce procès-verbal, pour arriver à la répression du délit qu'il comprend? sera-ce au Conseil de préfecture ou au Maire de la Commune chef-lieu de canton, pour poursuivre le délinquant devant le tribunal de police, d'après la jurisprudence de la cour de cassation? car il y a divergence d'opinion entre cette autorité et le Conseil d'État sur cette question : voici ce qui établit cette divergence :

Un arrêt de la cour de cassation du 3 mars 1837, rapporté dans cet ouvrage, pages 211 et 212, n° 57, a jugé que les tribunaux de simple police étaient seuls compétents pour réprimer les dégradations et usurpations sur les chemins vicinaux, de quelque nature qu'ils soient, ceux de grande communication comme tous autres chemins communaux. Cet arrêt est motivé d'après la loi du 28 avril 1832, qui rectifie l'article 479, n° 11, du Code pénal.

Au contraire, une ordonnance royale du 23 juillet 1838, dans l'affaire Hébrard, accompagnée d'une circulaire de M. le Ministre de l'Intérieur au Préfet du Lot (*Voyez* l'une et l'autre, page 157 et suivantes), attribue aux Conseils de préfecture, en vertu de l'art. 8 de la loi du 9 ventôse an XIII, le droit de réprimer les délits d'usurpation sur les chemins vicinaux.

Je ne me permettrai point de décider quelle est la meilleure de ces deux attributions, mais seulement quelques réflexions sur cet état de choses.

De l'Ordonnance royale.

L'éloignement du chef-lieu de département du point où aurait été commis le délit d'usurpation, ne ferait-il pas que presque toujours le prévenu se laissera condamner par défaut, faute d'argent pour faire les frais de ce déplacement? D'ailleurs, sans expérience, sans moyen de défense, oserait-il se présenter seul devant le Conseil de préfecture? Il faudrait donc recourir à un conseil et le payer. Il serait donc empêché par sa position et la force des choses, de faire valoir ce qui pourrait être à son avantage. En outre, ne serait-il pas à craindre que des Maires, touchés de ces inconvénients, ne négligeassent de constater le délit, qui alors resterait sans répression?

De l'Arrêt de la Cour de cassation.

La jurisprudence de cette cour ferait peut-être qu'aucune usurpation n'échapperait à la répression, ou serait à l'instant réparée par la justice ou la bienveillance du Juge-de-Paix, ennemi des frais de justice si coûteux (car il n'y en a plus de modérés). Devant ce magistrat populaire, les choses n'iraient-elles pas mieux qu'elles ne vont? Les contraventions de cette nature ne seraient-elles pas, pour ainsi dire, discutées, jugées ou conciliées en famille, suivant les règles de la justice, en évitant du contentieux à l'administration supérieure, la plus pénible de ses fonctions?

Voyons maintenant ce qui pourrait se passer d'après la compétence du Conseil de préfecture. Il faudrait, après qu'il aurait prononcé sur la contravention, renvoyer le contrevenant devant les tribunaux ordinaires pour appliquer l'amende. C'est ce qu'on ne fait pas aujourd'hui, afin d'éviter un circuit fâcheux : ainsi, l'amende n'est pas appliquée, et il est de rigueur, d'après la loi, qu'elle le soit.

Mais si le délinquant cité devant le tribunal de police pour s'entendre condamner à l'amende, fournissait la preuve péremptoire que le procès-verbal qui l'accuse est le fruit de l'erreur, certainement le Juge-de-Paix ne le condamnerait pas. Ainsi, condamnation d'un côté, et acquittement de l'autre pour le même fait. Voilà une anomalie choquante qu'il serait nécessaire de prévenir. Dans cet objet, il me semble qu'il faudrait investir le Conseil de préfecture du droit de prononcer sur la contravention et sur l'amende, ou que le tribunal de police en fût chargé conformément à la jurisprudence de la cour de cassation.

QUELQUES RÉFLEXIONS

Sur les Chemins de grande communication en particulier, et sur une des questions posées par M. le Ministre de l'Intérieur aux Conseils généraux, y relative.

Il faut se méfier de l'engouement général qui saisit parfois la nation française, et la retenir dans de justes bornes. La fièvre actuelle dont on subit les accès pour les chemins de grande communication, est un engouement de ce genre.

La grande vicinalité suit les routes départementales et les dépasse de beaucoup par le développement de ses lignes, par les dépenses de construction et d'entretien qu'elle entraîne. Il me semble qu'il serait bien, dès à présent, de savoir quelles sont les mesures indispensables à employer pour parvenir aux charges de l'avenir. Que l'on se garde surtout de créer des améliorations sur le papier seulement. Il faut dès aujourd'hui placer à côté de la classification de ces chemins, le tableau des ressources financières qui doivent leur être irrévocablement attribuées.

On peut faire des chaussées avec économie, mais il est de règle rigoureuse de les entretenir assidûment et sans parcimonie. Que leur épaisseur soit forte ou faible, il n'y a pas de viabilité possible sans les soins continuels du cantonnier, et, au besoin, de ses aides ; sans des amas toujours présents de matériaux, sans leur emploi judicieux au moyen de chargements partiels en temps opportun. Toutes les saisons ne conviennent pas à la construction et au chargement des chemins. Une chaussée faite au milieu de l'hiver ne produit que de la boue, et au plus fort de l'été, que de la poussière.

Les chargements utiles doivent s'exécuter en mars, avril ou mai, suivant le climat, sous l'influence des pluies passagères interrompues par des hâles. En automne il est déjà trop tard pour réparer les chemins.

Mais comment espérer un état de choses si désirable avec cette si grande quantité de chemins classés en masse? C'est une plaie sur les Communes, qui, si on n'y applique promptement un vigoureux caustique, ne guérira jamais.

Voyons ce que dit l'instruction de M. le Mi-

nistre de l'Intérieur, du 24 juin 1836, sur le
classement des chemins de grande communication. Elle dit : « La limite des fonds à employer
» doit être la base du classement des routes
» départementales ; aucun Conseil général ne
» demanderait certainement le classement en
» principe de dix routes départementales qu'il
» ne se proposerait d'ouvrir que dans plusieurs
» années. Il en doit être ainsi des chemins de
» grande communication. Ils ne doivent se faire
» qu'autant que les ressources affectées à leur
» entretien le permettent. » Malheureusement
on voudrait contenter tout le monde, et les réclamations ne manquent pas.

Je passe maintenant à l'une des questions posées par monsieur le Ministre de l'Intérieur aux
Conseils généraux.

*Serait-il utile qu'on pût convertir les journées
en tâche, comme on les convertit en argent?*

La conversion entière de la prestation en
nature en tâche, serait sans doute le meilleur
moyen qu'on pourrait employer pour lui faire
rendre tout ce qu'elle peut, tout ce qu'elle devrait rendre. Mais malheureusement tous les
travaux ne peuvent s'exécuter d'après cette méthode, toute bonne qu'elle soit. L'intelligence
bornée sur ce point de l'habitant des campa-

gnes s'y oppose. Il faut donc de toute nécessité y faire concourir le travail à la journée. Voici, d'après mon opinion, les travaux qui devraient y être soumis :

1°. Les déblais et les remblais dont se composent les terrassements ;

2°. L'extraction des matériaux ;

3°. La distribution, sur le chemin, des matériaux, qui seront déposés sur les accotements et le nivellement du chemin ;

4°. Le régrément des accotements ;

5°. La réunion des pierres et des cailloux épars, en tas faciles à charger ;

6°. L'enlèvement des boues sur le chemin, le nettoiement des trous, et l'écoulement des eaux.

Ces travaux, exigés à la tâche, seraient difficiles à faire exécuter par ceux qui seraient chargés de les conduire et de les surveiller. Il faudrait un agent voyer sédentaire sur chaque atelier ; encore ne serait-il pas compris. Ainsi, la confusion s'introduirait parmi les travailleurs, d'où résulterait le désordre, peu de travail, et beaucoup de temps perdu.

Il ne resterait donc plus à convertir en tâche que les travaux ci-après :

1°. L'ouverture et le curage des fossés ;

2°. Le cassage des pierres et des cailloux ;

3ᵃ. L'emmétrage des matériaux sur les accotements;

4°. Le transport des matériaux;

5°. Les empierrements.

Il y a, sur les transports, des observations es-
sentielles à faire pour que justice distributive
se fasse : d'abord, calculer la distance des matériaux au chemin; ensuite, déterminer d'une
manière précise la tâche, en mètres cubes, que
le prestataire devra remplir, eu égard à la distance à parcourir et à la force de ses attelages,
parce qu'il ne serait pas juste que celui qui
n'aurait que de petits bœufs ou des vaches,
transportât autant de matériaux qu'un autre
qui aurait un plus fort attelage. Mêmes observations pour les chevaux et les ânes. La tâche
serait facilement constatée par l'emmétrage sur
les accotements.

Si cette méthode est sagement mise en pratique, surtout pour le transport des matériaux,
l'ouverture et le curage des fossés, travaux très-
importants, on verra le prestataire, pour se débarrasser et retourner plus tôt à son travail privé,
avoir terminé à midi ce qu'il n'aurait pas fait
dans la journée entière. Cet exemple produirait
de bons fruits, et amènerait peut-être l'entière
exécution des travaux à la tâche, pour les grands
comme pour les petits chemins vicinaux.

Conclusions.

D'après ce qu'on vient de lire et qui est dans le vrai, je crois qu'il serait avantageux de procéder le plus tôt possible à une étude sérieuse et complète des chemins de grande communication. La statistique devrait toujours être le premier pas à faire dans ces voies. Celle que je propose aurait le mérite d'amener un déclassement considérable de ces chemins, et de ne laisser classés que ceux pour lesquels on aurait des ressources bien constatées pour leur construction et leur entretien, afin de pouvoir marcher sans entraves vers un but utile et clairement indiqué ; ce qui éviterait à l'administration supérieure bien des embarras, du contentieux, la plus pénible de ses attributions, et des demandes de classification, dont ceux qui les font ne songent pas aux lourdes et inévitables charges de l'avenir.

FIN.

TABLE DES MATIÈRES.

FORMULES.

CONTENTIEUX.

FIN DE LA TABLE.

BIBLIOTHEQUE NATIONALE DE FRANCE

3 7531 03658269 1

www.ingramcontent.com/pod-product-compliance
Lightning Source LLC
Chambersburg PA
CBHW061113220326
41599CB00024B/4021